Ivan Koesjnir

Economie van Zuidelijk Afrika

Serie "Economie in landen"

eerst gepubliceerd: 2021
laatst bijgewerkt: 2021-02-02

Ivan Koesjnir. Economie van Zuidelijk Afrika. Serie "Economie in landen". - 2021. - 71 pages.

Dit boek over de economie van Zuidelijk Afrika van de jaren 1970 tot de jaren 2010. Brongegevens uit UN Data.

Grootte. In de jaren 2010 was het bruto binnenlands product van Zuidelijk Afrika gelijk aan US$393,7 miljard per jaar; de waarde van de landbouw was US$9,6 miljard; de waarde van de industrie was US$91,3 miljard.

Productiviteit. In de jaren 2010 bedroeg het bruto binnenlands product per hoofd van de bevolking $6.298,2, de waarde van de landbouw per hoofd $153,9, de waarde van de industrie per hoofd $1.459,9. Omdat de productiviteit tussen het gemiddelde van onder het gemiddelde en het gemiddelde ligt, wordt de economie geclassificeerd als in ontwikkeling.

Groei. In de jaren 2010 bedroeg de groei van het bruto binnenlands product 1,9%; de groei van de landbouw was 0,28%; de groei van de industrie was 0,89%.

Structuur. In de jaren 2010 omvatte de economie van Zuidelijk Afrika: diensten (42,9%), industrie (25,8%), handel (15,1%), transport (9,5%), constructie (4,1%) en landbouw (2,7%).

Uitvoer en invoer. In de jaren 2010 was de invoer 3,6% hoger dan de uitvoer, de netto-invoer was gelijk aan 1,1% van het BBP.

Consumptie en reproductie. De houding van reproductie ten opzichte van de consumptie is niet beter dan het mondiale gemiddelde, dus het aandeel van het BBP in de wereld zal niet toenemen.

Serie "Economie in landen": parallel.page.link/nl

ISBN: 9798701848144

Inhoud

Part I. Grootte

	de jaren 2010
BBP	US$393,7 miljard
Het aandeel in de wereld	0,51%
Het aandeel in Afrika	17,0%

Hoofdstuk I. Bruto binnenlands product

Het bruto binnenlands product van Zuidelijk Afrika steeg van US$36,8 miljard per jaar in de jaren 1970 tot US$393,7 miljard per jaar in de jaren 2010, dat wil zeggen met US$356,9 miljard of 10,7 keer. De verandering vond plaats op US$293,7 miljard als gevolg van een 3,9-voudige stijging van de prijzen, en ook op US$18,4 miljard als gevolg van een 1,2-voudige toename van de productiviteit , evenals op US$44,7 miljard als gevolg van de toename van de bevolking. De gemiddelde jaarlijkse groei van het BBP is 2,5%. De minimumwaarde van het BBP bedroeg US$19,6 miljard in 1970. De maximumwaarde van het bruto binnenlands product bedroeg US$451,6 miljard in 2011.

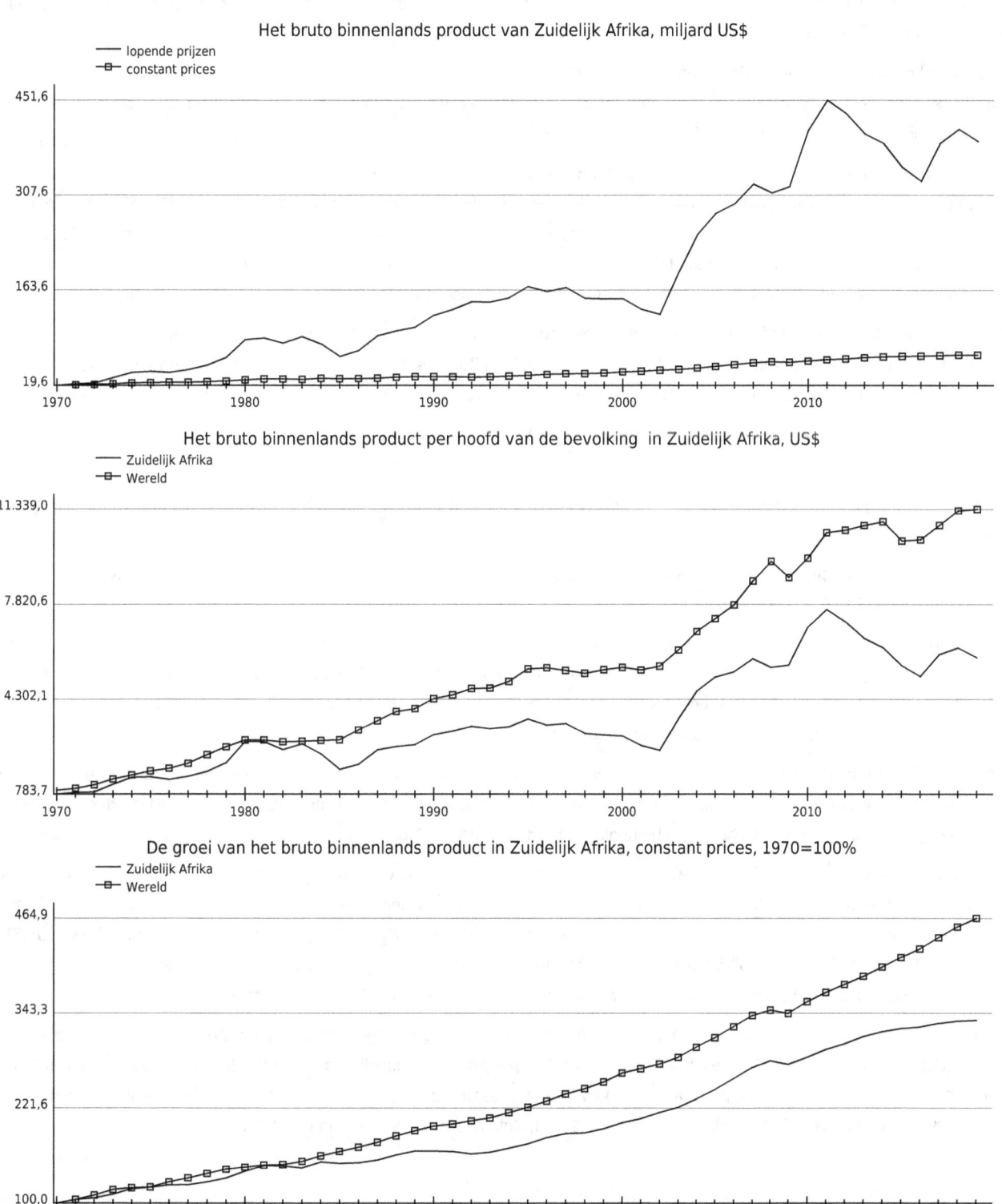

Het bruto binnenlands product van Zuidelijk Afrika, miljard US$

Het bruto binnenlands product per hoofd van de bevolking in Zuidelijk Afrika, US$

De groei van het bruto binnenlands product in Zuidelijk Afrika, constant prices, 1970=100%

de jaren 1970

Het BBP van Zuidelijk Afrika bedroeg in de jaren 1970 US$36,8 miljard per jaar. Het aandeel in de wereld was 0,56%, en 13,8% in Afrika.

Het bruto binnenlands product van Zuidelijk Afrika bestond uit: huishoudelijke uitgaven (55,6%), kapitaalvorming (28,2%), overheidsuitgaven (14,6%) en netto-uitvoer (1,9%).

Het BBP per hoofd in Zuidelijk Afrika was $1.304,3 in de jaren 1970s, en was vergelijkbaar met Cuba (US$1.292,9), Costa Rica (US$1.316,9), Bulgarije (US$1.321,9). Het BBP per hoofd in Zuidelijk Afrika was 19,5% lager dan het bruto binnenlands product per hoofd van de bevolking in de wereld ($1.620,8), en was in 2,0 keer hoger dan het bruto binnenlands product per hoofd van de bevolking in Afrika ($1.620,8).

De groei van het BBP in Zuidelijk Afrika bedroeg 3.1% in de jaren 1970, en was vergelijkbaar met Liberia (3,1%), West-Europa (3,1%), Benin (3,2%). De groei van het BBP in Zuidelijk Afrika (3,1%) was minder dan de groei van het bruto binnenlands product in de wereld (4,1%), was minder dan de groei van het BBP in Afrika (4,5%).

Vergelijking met subregio's. Het BBP van Zuidelijk Afrika was groter dan in Oost-Afrika (US$34,1 miljard) en in Centraal-Afrika (US$21,8 miljard); maar minder dan in West-Afrika (US$113,3 miljard) en in Noord-Afrika (US$60,0 miljard). Het bruto binnenlands product per hoofd in Zuidelijk Afrika was in Zuidelijk Afrika groter dan in West-Afrika (US$949,9), in Noord-Afrika (US$621,6), in Centraal-Afrika (US$479,8) en in Oost-Afrika (US$282,8). De groei van het bruto binnenlands product in Zuidelijk Afrika was groter dan in Oost-Afrika (3,0%) en in Centraal-Afrika (1,5%); maar minder dan in Noord-Afrika (6,7%) en in West-Afrika (5,0%).

Leiders. Het BBP van Zuidelijk Afrika in de jaren 1970 bestond uit: Zuid-Afrika (95,1%), Namibië (2,8%), Swaziland (0,96%), Botswana (0,73%), Lesotho (0,46%). Het bruto binnenlands product per hoofd in Zuidelijk Afrika onder de leiders: Zuid-Afrika ($1.404,8), Namibië ($1.109,2), Swaziland ($712,0), Botswana ($364,1) en Lesotho ($145,2). De groei van het BBP onder de leiders: Botswana (15,1%), Swaziland (9,5%), Lesotho (7,6%), Namibië (3,2%) en Zuid-Afrika (3,0%).

de jaren 1980

Het BBP van Zuidelijk Afrika bedroeg in de jaren 1980 US$87,6 miljard per jaar. Het aandeel in de wereld was 0,58%, en 16,3% in Afrika.

Het bruto binnenlands product van Zuidelijk Afrika bestond uit: huishoudelijke uitgaven (55,4%), kapitaalvorming (24,0%), overheidsuitgaven (17,5%) en netto-uitvoer (3,9%).

Het bruto binnenlands product per hoofd in Zuidelijk Afrika was $2.386,9 in de jaren 1980s, en was vergelijkbaar met de Caraïben (US$2,4 duizend), Algerije (US$2,4 duizend), Centraal-Amerika (US$2,4 duizend). Het BBP per hoofd in Zuidelijk Afrika was 23,6% lager dan het bruto binnenlands product per hoofd van de bevolking in de wereld ($3.123,4), en was in 2,4 keer hoger dan het bruto binnenlands product per hoofd van de bevolking in Afrika ($3.123,4).

De groei van het bruto binnenlands product in Zuidelijk Afrika bedroeg 2.4% in de jaren 1980, en was vergelijkbaar met Senegal (2,4%). De groei van het BBP in Zuidelijk Afrika (2,4%) was minder dan de groei van het bruto binnenlands product in de wereld (3,0%), was groter dan de groei van het bruto binnenlands product in Afrika (1,8%).

Vergelijking met subregio's. Het BBP van Zuidelijk Afrika was groter dan in Oost-Afrika (US$64,1 miljard) en in Centraal-Afrika (US$39,3 miljard); maar minder dan in West-Afrika (US$203,7 miljard) en in Noord-Afrika (US$143,4 miljard). Het bruto binnenlands product per hoofd in Zuidelijk Afrika was in Zuidelijk Afrika groter dan in West-Afrika (US$1.304,2), in Noord-Afrika (US$1.136,5), in Centraal-Afrika (US$652,3) en in Oost-Afrika (US$394,7). De groei van het bruto binnenlands product in Zuidelijk Afrika was groter dan in Noord-Afrika (2,2%) en in West-Afrika (0,40%); maar minder dan in Oost-Afrika (2,9%) en in Centraal-Afrika (2,4%).

Leiders. Het bruto binnenlands product van Zuidelijk Afrika in de jaren 1980 bestond uit: Zuid-Afrika (94,6%), Namibië (2,5%), Botswana (1,5%), Swaziland (0,96%), Lesotho (0,45%). Het BBP per hoofd in Zuidelijk Afrika onder de leiders: Zuid-Afrika ($2.570,8), Namibië ($1.815,3), Botswana ($1.215,6), Swaziland ($1.214,1) en Lesotho ($262,1). De groei van het bruto binnenlands product onder de leiders: Botswana (12,6%), Swaziland (5,9%), Lesotho (2,9%), Zuid-Afrika (2,2%) en Namibië (1,6%).

de jaren 1990

Het BBP van Zuidelijk Afrika bedroeg in de jaren 1990 US$150,1 miljard per jaar. Het aandeel in de wereld was 0,52%, en 25,4% in

Afrika.

Het BBP van Zuidelijk Afrika bestond uit: huishoudelijke uitgaven (60,7%), overheidsuitgaven (19,6%), kapitaalvorming (17,8%) en netto-uitvoer (1,7%).

Het bruto binnenlands product per hoofd in Zuidelijk Afrika was $3.217,4 in de jaren 1990s, en was vergelijkbaar met Venezuela (US$3,2 duizend), Polen (US$3,3 duizend). Het BBP per hoofd in Zuidelijk Afrika was 35,9% lager dan het bruto binnenlands product per hoofd van de bevolking in de wereld ($5.020,1), en was in 3,9 keer hoger dan het bruto binnenlands product per hoofd van de bevolking in Afrika ($5.020,1).

De groei van het bruto binnenlands product in Zuidelijk Afrika bedroeg 1.6% in de jaren 1990, en was vergelijkbaar met Libië (1,6%), Madagaskar (1,6%), Togo (1,6%). De groei van het bruto binnenlands product in Zuidelijk Afrika (1,6%) was minder dan de groei van het BBP in de wereld (2,8%), was minder dan de groei van het bruto binnenlands product in Afrika (2,4%).

Vergelijking met subregio's. Het BBP van Zuidelijk Afrika was groter dan in West-Afrika (US$112,3 miljard), in Oost-Afrika (US$71,8 miljard) en in Centraal-Afrika (US$45,9 miljard); maar minder dan in Noord-Afrika (US$210,1 miljard). Het bruto binnenlands product per hoofd in Zuidelijk Afrika was in Zuidelijk Afrika groter dan in Noord-Afrika (US$1.315,9), in Centraal-Afrika (US$558,2), in West-Afrika (US$551,5) en in Oost-Afrika (US$332,4). De groei van het bruto binnenlands product in Zuidelijk Afrika was groter dan in Centraal-Afrika (-0,36%); maar minder dan in Noord-Afrika (3,3%), in Oost-Afrika (2,8%) en in West-Afrika (2,5%).

Leiders. Het BBP van Zuidelijk Afrika in de jaren 1990 bestond uit: Zuid-Afrika (93,0%), Botswana (3,0%), Namibië (2,4%), Swaziland (1,1%), Lesotho (0,54%). Het BBP per hoofd in Zuidelijk Afrika onder de leiders: Zuid-Afrika ($3.421,3), Botswana ($3.092,4), Namibië ($2.222,8), Swaziland ($1.780,1) en Lesotho ($431,3). De groei van het BBP onder de leiders: Botswana (5,4%), Lesotho (4,2%), Swaziland (3,7%), Namibië (3,5%) en Zuid-Afrika (1,4%).

de jaren 2000

Het bruto binnenlands product van Zuidelijk Afrika bedroeg in de jaren 2000 US$238,1 miljard per jaar, en was vergelijkbaar met Griekenland (US$238,8 miljard), Iran (US$240,0 miljard). Het aandeel in de wereld was 0,51%, en 21,4% in Afrika.

Het BBP van Zuidelijk Afrika bestond uit: huishoudelijke uitgaven (60,7%), kapitaalvorming (19,9%) en overheidsuitgaven (19,0%).

Het BBP per hoofd in Zuidelijk Afrika was $4.376,0 in de jaren 2000s, en was vergelijkbaar met Suriname (US$4,4 duizend). Het bruto binnenlands product per hoofd in Zuidelijk Afrika was 39,0% lager dan het bruto binnenlands product per hoofd van de bevolking in de wereld ($7.176,3), en was in 3,6 keer hoger dan het bruto binnenlands product per hoofd van de bevolking in Afrika ($7.176,3).

De groei van het BBP in Zuidelijk Afrika bedroeg 3.6% in de jaren 2000, en was vergelijkbaar met Zuid-Afrika (3,6%), Kenia (3,6%), Ierland (3,6%). De groei van het bruto binnenlands product in Zuidelijk Afrika (3,6%) was groter dan de groei van het bruto binnenlands product in de wereld (3,0%), was minder dan de groei van het BBP in Afrika (5,1%).

Vergelijking met subregio's. Het bruto binnenlands product van Zuidelijk Afrika was groter dan in Oost-Afrika (US$122,4 miljard) en in Centraal-Afrika (US$100,3 miljard); maar minder dan in Noord-Afrika (US$386,0 miljard) en in West-Afrika (US$267,1 miljard). Het BBP per hoofd in Zuidelijk Afrika was in Zuidelijk Afrika groter dan in Noord-Afrika (US$2,0 duizend), in West-Afrika (US$1.007,0), in Centraal-Afrika (US$904,8) en in Oost-Afrika (US$428,9). De groei van het BBP in Zuidelijk Afrika was minder dan in Centraal-Afrika (6,5%), in West-Afrika (5,8%), in Oost-Afrika (5,5%) en in Noord-Afrika (4,9%).

Leiders. Het bruto binnenlands product van Zuidelijk Afrika in de jaren 2000 bestond uit: Zuid-Afrika (92,1%), Botswana (3,6%), Namibië (2,6%), Swaziland (1,1%), Lesotho (0,54%). Het bruto binnenlands product per hoofd in Zuidelijk Afrika onder de leiders: Botswana ($4.770,2), Zuid-Afrika ($4.602,8), Namibië ($3.261,6), Swaziland ($2.571,2) en Lesotho ($640,6). De groei van het BBP onder de leiders: Namibië (4,3%), Lesotho (4,1%), Zuid-Afrika (3,6%), Botswana (3,4%) en Swaziland (3,1%).

de jaren 2010

Het BBP van Zuidelijk Afrika bedroeg in de jaren 2010 US$393,7 miljard per jaar. Het aandeel in de wereld was 0,51%, en 17,0% in Afrika.

Het bruto binnenlands product van Zuidelijk Afrika bestond uit: huishoudelijke uitgaven (60,0%), overheidsuitgaven (20,8%) en kapitaalvorming (20,1%).

Het bruto binnenlands product per hoofd in Zuidelijk Afrika was $6.298,2 in de jaren 2010s, en was vergelijkbaar met Thailand (US$6,2 duizend), Azië (US$6,2 duizend), Servië (US$6,4 duizend). Het bruto binnenlands product per hoofd in Zuidelijk Afrika was 40,6% lager dan het bruto binnenlands product per hoofd van de bevolking in de wereld ($10.603,1), en was in 3,2 keer hoger dan het bruto binnenlands product per hoofd van de bevolking in Afrika ($10.603,1).

De groei van het bruto binnenlands product in Zuidelijk Afrika bedroeg 1.9% in de jaren 2010, en was vergelijkbaar met Antigua en Barbuda (1,9%), Rusland (1,9%). De groei van het bruto binnenlands product in Zuidelijk Afrika (1,9%) was minder dan de groei van het BBP in de wereld (3,1%), was minder dan de groei van het BBP in Afrika (2,9%).

Vergelijking met subregio's. Het bruto binnenlands product van Zuidelijk Afrika was 25,2% groter dan in Oost-Afrika (US$314,4 miljard) en 62,0% groter dan in Centraal-Afrika (US$243,0 miljard); maar 44,8% minder dan in Noord-Afrika (US$712,8 miljard) en 39,3% minder dan in West-Afrika (US$648,7 miljard). Het bruto binnenlands product per hoofd in Zuidelijk Afrika was in Zuidelijk Afrika95,6% groter dan in Noord-Afrika (US$3,2 duizend), 3,4 keer groter dan in West-Afrika (US$1.864,5), 3,9 keer groter dan in Centraal-Afrika (US$1.595,9) en 7,7 keer groter dan in Oost-Afrika (US$818,3). De groei van het bruto binnenlands product in Zuidelijk Afrika was groter dan in Noord-Afrika (1,6%); maar minder dan in Oost-Afrika (6,1%), in West-Afrika (3,6%) en in Centraal-Afrika (2,8%).

Leiders. Het BBP van Zuidelijk Afrika in de jaren 2010 bestond uit: Zuid-Afrika (91,1%), Botswana (4,0%), Namibië (3,1%), Swaziland (1,1%), Lesotho (0,62%). Het BBP per hoofd in Zuidelijk Afrika onder de leiders: Botswana ($7.448,8), Zuid-Afrika ($6.532,1), Namibië ($5.291,3), Swaziland ($4.067,0) en Lesotho ($1.183,3). De groei van het BBP onder de leiders: Botswana (4,7%), Lesotho (3,3%), Namibië (3,1%), Swaziland (2,5%) en Zuid-Afrika (1,7%).

Hoofdstuk II. Toegevoegde waarde

De toegevoegde waarde van Zuidelijk Afrika steeg van US$34,4 miljard per jaar in de jaren 1970 tot US$354,1 miljard per jaar in de jaren 2010, dat wil zeggen met US$319,7 miljard of 10,3 keer. De verandering vond plaats op US$262,3 miljard als gevolg van een 3,9-voudige stijging van de prijzen, en ook op US$15,5 miljard als gevolg van een 1,2-voudige toename van de productiviteit , evenals op US$41,9 miljard als gevolg van de toename van de bevolking. De gemiddelde jaarlijkse groei van de toegevoegde waarde is 2,4%. De minimumwaarde van de toegevoegde waarde bedroeg US$18,3 miljard in 1970. De maximumwaarde van de toegevoegde waarde bedroeg US$408,0 miljard in 2011.

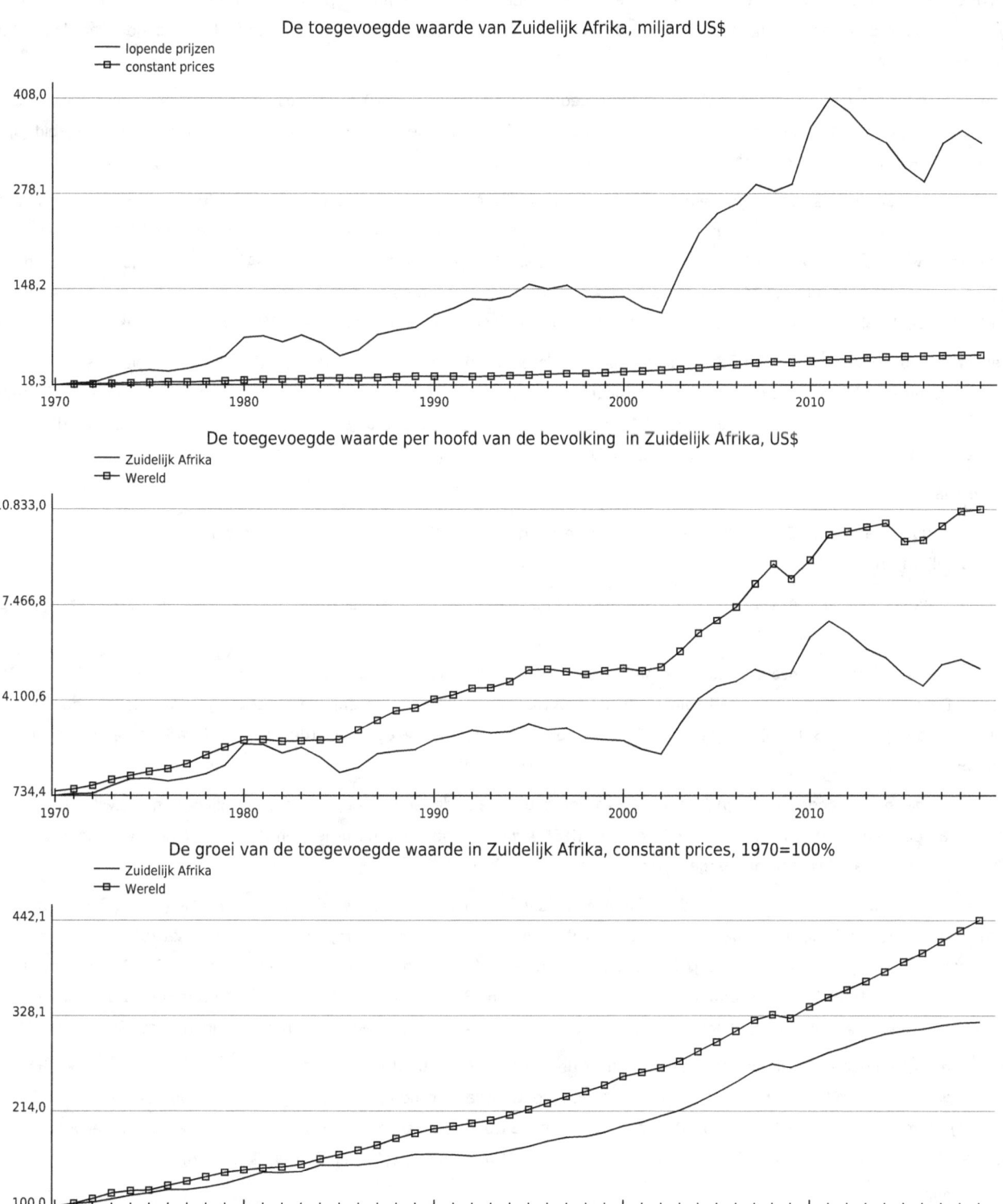

De toegevoegde waarde van Zuidelijk Afrika, miljard US$

De toegevoegde waarde per hoofd van de bevolking in Zuidelijk Afrika, US$

De groei van de toegevoegde waarde in Zuidelijk Afrika, constant prices, 1970=100%

de jaren 1970

De toegevoegde waarde van Zuidelijk Afrika bedroeg in de jaren 1970 US$34,4 miljard per jaar, en was vergelijkbaar met Denemarken (US$34,3 miljard), de Caraïben (US$34,1 miljard), Oostenrijk (US$34,9 miljard). Het aandeel in de wereld was 0,55%, en 13,6% in Afrika.

De totale toegevoegde waarde van Zuidelijk Afrika bestond uit: industrie (35,6%), diensten (28,9%), handel (13,4%), transport (9,9%), landbouw (7,4%) en constructie (4,8%).

De toegevoegde waarde per hoofd in Zuidelijk Afrika was $1.220,6 in de jaren 1970s, en was vergelijkbaar met Chili (US$1.224,1), Costa Rica (US$1.196,0), Panama (US$1.249,6). De toegevoegde waarde per hoofd in Zuidelijk Afrika was 22,0% lager dan de toegevoegde waarde per hoofd van de bevolking in de wereld ($1.564,4), en was 97,2% hoger dan de toegevoegde waarde per hoofd van de bevolking in Afrika ($1.564,4).

De groei van de toegevoegde waarde in Zuidelijk Afrika bedroeg 2.7% in de jaren 1970, en was vergelijkbaar met Uruguay (2,7%). De groei van de toegevoegde waarde in Zuidelijk Afrika (2,7%) was minder dan de groei van de toegevoegde waarde in de wereld (3,9%), was minder dan de groei van de toegevoegde waarde in Afrika (4,9%).

Vergelijking met subregio's. De toegevoegde waarde van Zuidelijk Afrika was groter dan in Oost-Afrika (US$32,4 miljard) en in Centraal-Afrika (US$21,4 miljard); maar minder dan in West-Afrika (US$109,0 miljard) en in Noord-Afrika (US$56,8 miljard). De toegevoegde waarde per hoofd in Zuidelijk Afrika was in Zuidelijk Afrika groter dan in West-Afrika (US$914,0), in Noord-Afrika (US$588,7), in Centraal-Afrika (US$470,6) en in Oost-Afrika (US$268,1). De groei van de toegevoegde waarde in Zuidelijk Afrika was groter dan in Centraal-Afrika (1,4%); maar minder dan in Noord-Afrika (6,7%), in West-Afrika (6,1%) en in Oost-Afrika (3,1%).

Leiders. De toegevoegde waarde van Zuidelijk Afrika in de jaren 1970 bestond uit: Zuid-Afrika (95,0%), Namibië (2,9%), Swaziland (1,0%), Botswana (0,72%), Lesotho (0,39%). De toegevoegde waarde per hoofd in Zuidelijk Afrika onder de leiders: Zuid-Afrika ($1.313,8), Namibië ($1.058,4), Swaziland ($724,4), Botswana ($335,4) en Lesotho ($117,7). De groei van de toegevoegde waarde onder de leiders: Botswana (15,7%), Swaziland (8,3%), Lesotho (6,7%), Namibië (3,3%) en Zuid-Afrika (2,6%).

de jaren 1980

De toegevoegde waarde van Zuidelijk Afrika bedroeg in de jaren 1980 US$80,2 miljard per jaar, en was vergelijkbaar met Oostenrijk (US$81,8 miljard). Het aandeel in de wereld was 0,55%, en 15,6% in Afrika.

De totale toegevoegde waarde van Zuidelijk Afrika bestond uit: industrie (38,8%), diensten (29,8%), handel (12,7%), vervoer (9,2%), landbouw (5,7%) en constructie (3,8%).

De toegevoegde waarde per hoofd in Zuidelijk Afrika was $2.186,7 in de jaren 1980s, en was vergelijkbaar met Saint Lucia (US$2,2 duizend). De toegevoegde waarde per hoofd in Zuidelijk Afrika was 27,8% lager dan de toegevoegde waarde per hoofd van de bevolking in de wereld ($3.029,9), en was in 2,3 keer hoger dan de toegevoegde waarde per hoofd van de bevolking in Afrika ($3.029,9).

De groei van de toegevoegde waarde in Zuidelijk Afrika bedroeg 2.5% in de jaren 1980, en was vergelijkbaar met Zwitserland (2,5%). De groei van de toegevoegde waarde in Zuidelijk Afrika (2,5%) was minder dan de groei van de toegevoegde waarde in de wereld (2,9%), was groter dan de groei van de toegevoegde waarde in Afrika (1,2%).

Vergelijking met subregio's. De toegevoegde waarde van Zuidelijk Afrika was groter dan in Oost-Afrika (US$58,7 miljard) en in Centraal-Afrika (US$38,6 miljard); maar minder dan in West-Afrika (US$199,6 miljard) en in Noord-Afrika (US$136,8 miljard). De toegevoegde waarde per hoofd in Zuidelijk Afrika was in Zuidelijk Afrika groter dan in West-Afrika (US$1.278,1), in Noord-Afrika (US$1.084,0), in Centraal-Afrika (US$640,6) en in Oost-Afrika (US$361,3). De groei van de toegevoegde waarde in Zuidelijk Afrika was groter dan in Centraal-Afrika (2,4%), in Noord-Afrika (1,4%) en in West-Afrika (-0,53%); maar minder dan in Oost-Afrika (2,9%).

Leiders. De toegevoegde waarde van Zuidelijk Afrika in de jaren 1980 bestond uit: Zuid-Afrika (94,6%), Namibië (2,6%), Botswana (1,4%), Swaziland (1,0%), Lesotho (0,40%). De toegevoegde waarde per hoofd in Zuidelijk Afrika onder de leiders: Zuid-Afrika ($2.354,2), Namibië ($1.716,2), Swaziland ($1.217,9), Botswana ($1.056,4) en Lesotho ($212,8). De groei van de toegevoegde waarde onder de leiders: Botswana (12,5%), Swaziland (5,1%), Lesotho (2,7%), Namibië (2,4%) en Zuid-Afrika (2,3%).

de jaren 1990

De toegevoegde waarde van Zuidelijk Afrika bedroeg in de jaren 1990 US$137,2 miljard per jaar. Het aandeel in de wereld was 0,50%, en 24,4% in Afrika.

De totale toegevoegde waarde van Zuidelijk Afrika bestond uit: diensten (37,9%), industrie (30,7%), handel (14,3%), vervoer (9,4%), landbouw (4,2%) en constructie (3,5%).

De toegevoegde waarde per hoofd in Zuidelijk Afrika was $2.940,0 in de jaren 1990s, en was vergelijkbaar met Polen (US$3,0 duizend), Slowakije (US$2,9 duizend), Estland (US$3,0 duizend). De toegevoegde waarde per hoofd in Zuidelijk Afrika was 38,7% lager dan de toegevoegde waarde per hoofd van de bevolking in de wereld ($4.799,9), en was in 3,7 keer hoger dan de toegevoegde waarde per hoofd van de bevolking in Afrika ($4.799,9).

De groei van de toegevoegde waarde in Zuidelijk Afrika bedroeg 1.5% in de jaren 1990, en was vergelijkbaar met Slovenië (1,5%). De groei van de toegevoegde waarde in Zuidelijk Afrika (1,5%) was minder dan de groei van de toegevoegde waarde in de wereld (2,7%), was minder dan de groei van de toegevoegde waarde in Afrika (2,3%).

Vergelijking met subregio's. De toegevoegde waarde van Zuidelijk Afrika was groter dan in West-Afrika (US$109,8 miljard), in Oost-Afrika (US$67,2 miljard) en in Centraal-Afrika (US$45,5 miljard); maar minder dan in Noord-Afrika (US$202,1 miljard). De toegevoegde waarde per hoofd in Zuidelijk Afrika was in Zuidelijk Afrika groter dan in Noord-Afrika (US$1.265,9), in Centraal-Afrika (US$552,7), in West-Afrika (US$539,3) en in Oost-Afrika (US$311,3). De groei van de toegevoegde waarde in Zuidelijk Afrika was groter dan in Centraal-Afrika (-0,78%); maar minder dan in Noord-Afrika (3,1%), in Oost-Afrika (2,9%) en in West-Afrika (2,5%).

Leiders. De toegevoegde waarde van Zuidelijk Afrika in de jaren 1990 bestond uit: Zuid-Afrika (92,9%), Botswana (3,0%), Namibië (2,4%), Swaziland (1,2%), Lesotho (0,53%). De toegevoegde waarde per hoofd in Zuidelijk Afrika onder de leiders: Zuid-Afrika ($3.123,4), Botswana ($2.831,9), Namibië ($2.034,6), Swaziland ($1.754,2) en Lesotho ($386,1). De groei van de toegevoegde waarde onder de leiders: Botswana (5,2%), Lesotho (5,1%), Swaziland (3,7%), Namibië (2,8%) en Zuid-Afrika (1,3%).

de jaren 2000

De toegevoegde waarde van Zuidelijk Afrika bedroeg in de jaren 2000 US$215,3 miljard per jaar, en was vergelijkbaar met Denemarken (US$215,6 miljard), Griekenland (US$212,8 miljard), de Caraïben (US$211,7 miljard). Het aandeel in de wereld was 0,49%, en 20,4% in Afrika.

De totale toegevoegde waarde van Zuidelijk Afrika bestond uit: diensten (41,2%), industrie (27,8%), handel (14,1%), vervoer (10,3%), constructie (3,4%) en landbouw (3,3%).

De toegevoegde waarde per hoofd in Zuidelijk Afrika was $3.957,4 in de jaren 2000s, en was vergelijkbaar met Kazachstan (US$4,0 duizend), Cuba (US$3,9 duizend). De toegevoegde waarde per hoofd in Zuidelijk Afrika was 42,0% lager dan de toegevoegde waarde per hoofd van de bevolking in de wereld (US$6.818,0), en was in 3,4 keer hoger dan de toegevoegde waarde per hoofd van de bevolking in Afrika (US$6.818,0).

De groei van de toegevoegde waarde in Zuidelijk Afrika bedroeg 3.5% in de jaren 2000, en was vergelijkbaar met Saoedi-Arabië (3,5%), Bolivia (3,5%), Zuid-Afrika (3,5%). De groei van de toegevoegde waarde in Zuidelijk Afrika (3,5%) was groter dan de groei van de toegevoegde waarde in de wereld (2,9%), was minder dan de groei van de toegevoegde waarde in Afrika (4,9%).

Vergelijking met subregio's. De toegevoegde waarde van Zuidelijk Afrika was groter dan in Oost-Afrika (US$112,9 miljard) en in Centraal-Afrika (US$98,3 miljard); maar minder dan in Noord-Afrika (US$370,7 miljard) en in West-Afrika (US$259,7 miljard). De toegevoegde waarde per hoofd in Zuidelijk Afrika was in Zuidelijk Afrika groter dan in Noord-Afrika (US$1.947,7), in West-Afrika (US$979,0), in Centraal-Afrika (US$886,2) en in Oost-Afrika (US$395,5). De groei van de toegevoegde waarde in Zuidelijk Afrika was minder dan in Centraal-Afrika (6,2%), in West-Afrika (5,7%), in Oost-Afrika (5,2%) en in Noord-Afrika (4,6%).

Leiders. De toegevoegde waarde van Zuidelijk Afrika in de jaren 2000 bestond uit: Zuid-Afrika (91,9%), Botswana (3,6%), Namibië (2,7%), Swaziland (1,2%), Lesotho (0,56%). De toegevoegde waarde per hoofd in Zuidelijk Afrika onder de leiders: Botswana ($4.303,7), Zuid-Afrika ($4.153,6), Namibië ($3.062,9), Swaziland ($2.506,4) en Lesotho ($599,6). De groei van de toegevoegde waarde onder de leiders: Lesotho (4,7%), Namibië (4,3%), Zuid-Afrika (3,5%), Swaziland (3,2%) en Botswana (3,1%).

de jaren 2010

De toegevoegde waarde van Zuidelijk Afrika bedroeg in de jaren 2010 US$354,1 miljard per jaar. Het aandeel in de wereld was 0,48%, en 16,1% in Afrika.

De totale toegevoegde waarde van Zuidelijk Afrika bestond uit: diensten (42,9%), industrie (25,8%), handel (15,1%), transport (9,5%), constructie (4,1%) en landbouw (2,7%).

De toegevoegde waarde per hoofd in Zuidelijk Afrika was $5.665,2 in de jaren 2010s, en was vergelijkbaar met Irak (US$5,7 duizend), Wit-Rusland (US$5,7 duizend), Ecuador (US$5,6 duizend). De toegevoegde waarde per hoofd in Zuidelijk Afrika was 43,9% lager dan de toegevoegde waarde per hoofd van de bevolking in de wereld ($10.094,6), en was in 3,0 keer hoger dan de toegevoegde waarde per hoofd van de bevolking in Afrika ($10.094,6).

De groei van de toegevoegde waarde in Zuidelijk Afrika bedroeg 1.9% in de jaren 2010, en was vergelijkbaar met Antigua en Barbuda (1,9%). De groei van de toegevoegde waarde in Zuidelijk Afrika (1,9%) was minder dan de groei van de toegevoegde waarde in de wereld (3,1%), was minder dan de groei van de toegevoegde waarde in Afrika (2,7%).

Vergelijking met subregio's. De toegevoegde waarde van Zuidelijk Afrika was 21,5% groter dan in Oost-Afrika (US$291,4 miljard) en 49,1% groter dan in Centraal-Afrika (US$237,6 miljard); maar 48,8% minder dan in Noord-Afrika (US$691,4 miljard) en 43,7% minder dan in West-Afrika (US$629,4 miljard). De toegevoegde waarde per hoofd in Zuidelijk Afrika was in Zuidelijk Afrika81,4% groter dan in Noord-Afrika (US$3,1 duizend), 3,1 keer groter dan in West-Afrika (US$1.809,1), 3,6 keer groter dan in Centraal-Afrika (US$1.560,1) en 7,5 keer groter dan in Oost-Afrika (US$758,6). De groei van de toegevoegde waarde in Zuidelijk Afrika was groter dan in Noord-Afrika (1,3%); maar minder dan in Oost-Afrika (6,2%), in West-Afrika (3,2%) en in Centraal-Afrika (2,9%).

Leiders. De toegevoegde waarde van Zuidelijk Afrika in de jaren 2010 bestond uit: Zuid-Afrika (90,9%), Botswana (4,0%), Namibië (3,2%), Swaziland (1,2%), Lesotho (0,61%). De toegevoegde waarde per hoofd in Zuidelijk Afrika onder de leiders: Botswana ($6.744,1), Zuid-Afrika ($5.863,1), Namibië ($4.919,6), Swaziland ($3.882,8) en Lesotho ($1.053,9). De groei van de toegevoegde waarde onder de leiders: Botswana (4,9%), Lesotho (3,3%), Namibië (3,1%), Swaziland (2,5%) en Zuid-Afrika (1,7%).

Hoofdstuk III. Bruto nationaal inkomen

Het BNI van Zuidelijk Afrika steeg van US$34,9 miljard per jaar in de jaren 1970 tot US$382,7 miljard per jaar in de jaren 2010, dat wil zeggen met US$347,9 miljard of 11,0 keer. De verandering vond plaats op US$285,6 miljard als gevolg van een 3,9-voudige stijging van de prijzen, en ook op US$19,8 miljard als gevolg van een 1,3-voudige toename van de productiviteit , evenals op US$42,4 miljard als gevolg van de toename van de bevolking. De gemiddelde jaarlijkse groei van het bruto nationaal inkomen is 2,5%. De minimumwaarde van het bruto nationaal inkomen bedroeg US$18,5 miljard in 1970. De maximumwaarde van het bruto nationaal inkomen bedroeg US$440,2 miljard in 2011.

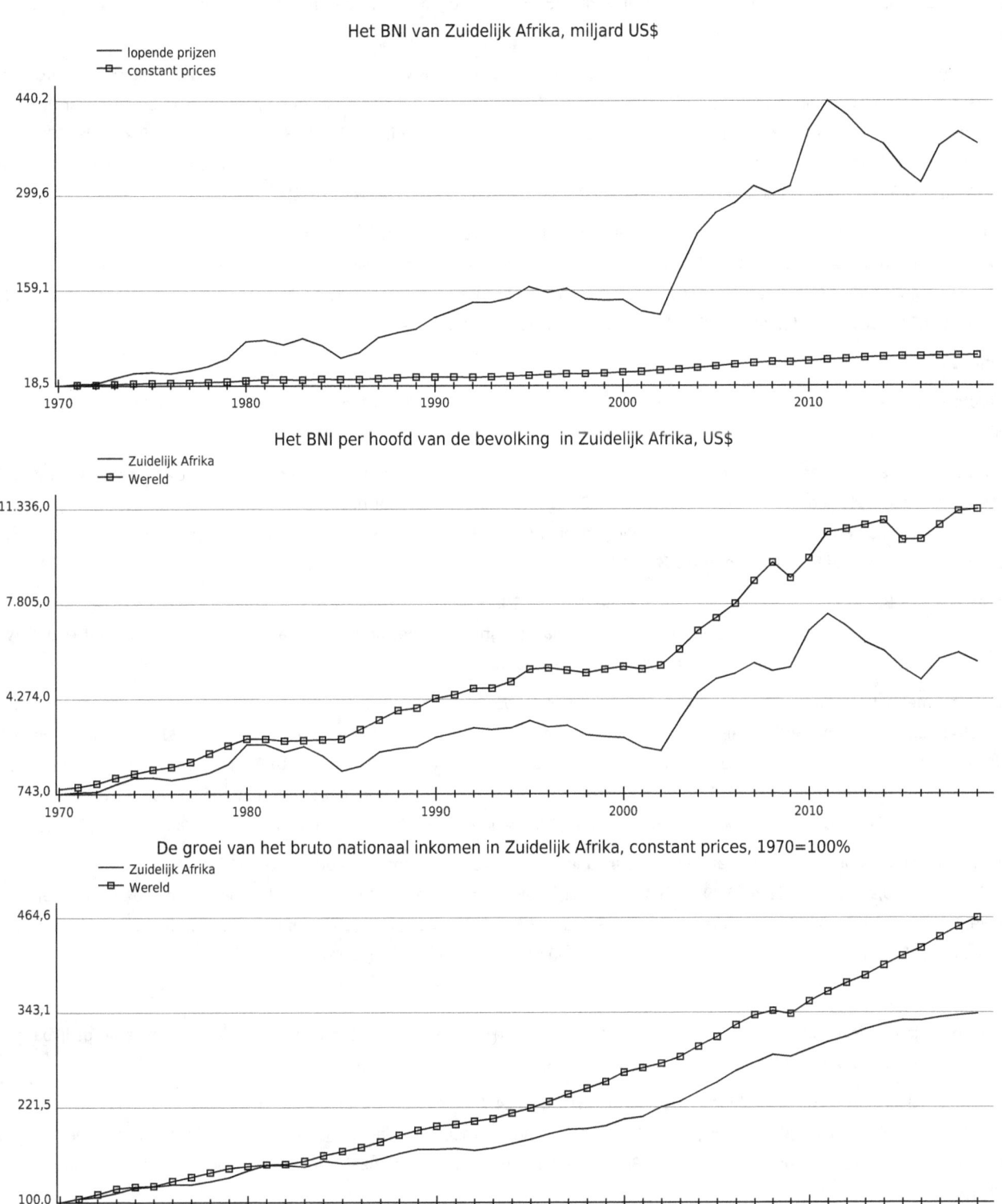

Het BNI van Zuidelijk Afrika, miljard US$

Het BNI per hoofd van de bevolking in Zuidelijk Afrika, US$

De groei van het bruto nationaal inkomen in Zuidelijk Afrika, constant prices, 1970=100%

de jaren 1970

Het BNI van Zuidelijk Afrika bedroeg in de jaren 1970 US$34,9 miljard per jaar, en was vergelijkbaar met Joegoslavië (US$35,4 miljard). Het aandeel in de wereld was 0,53%, en 13,4% in Afrika.

Het BNI per hoofd in Zuidelijk Afrika was $1.235,7 in de jaren 1970s. Het BNI per hoofd in Zuidelijk Afrika was 23,9% lager dan het bruto nationaal inkomen per hoofd van de bevolking in de wereld ($1.624,3), en was 95,4% hoger dan het bruto nationaal inkomen per hoofd van de bevolking in Afrika ($1.624,3).

De groei van het BNI in Zuidelijk Afrika bedroeg 3.1% in de jaren 1970, en was vergelijkbaar met België (3,1%), West-Europa (3,1%), Mauritanië (3,1%). De groei van het BNI in Zuidelijk Afrika (3,1%) was minder dan de groei van het bruto nationaal inkomen in de wereld (4,1%), was minder dan de groei van het bruto nationaal inkomen in Afrika (4,7%).

Vergelijking met subregio's. Het bruto nationaal inkomen van Zuidelijk Afrika was groter dan in Oost-Afrika (US$33,2 miljard) en in Centraal-Afrika (US$21,1 miljard); maar minder dan in West-Afrika (US$111,9 miljard) en in Noord-Afrika (US$58,5 miljard). Het BNI per hoofd in Zuidelijk Afrika was in Zuidelijk Afrika groter dan in West-Afrika (US$938,0), in Noord-Afrika (US$605,9), in Centraal-Afrika (US$463,7) en in Oost-Afrika (US$275,2). De groei van het BNI in Zuidelijk Afrika was groter dan in Oost-Afrika (2,8%) en in Centraal-Afrika (1,6%); maar minder dan in Noord-Afrika (7,0%) en in West-Afrika (5,1%).

Leiders. Het bruto nationaal inkomen van Zuidelijk Afrika in de jaren 1970 bestond uit: Zuid-Afrika (95,2%), Namibië (2,4%), Lesotho (0,89%), Swaziland (0,74%), Botswana (0,72%). Het bruto nationaal inkomen per hoofd in Zuidelijk Afrika onder de leiders: Zuid-Afrika ($1.333,1), Namibië ($917,0), Swaziland ($518,5), Botswana ($343,3) en Lesotho ($268,8). De groei van het BNI onder de leiders: Botswana (13,5%), Lesotho (10,7%), Swaziland (9,7%), Namibië (3,2%) en Zuid-Afrika (3,0%).

de jaren 1980

Het bruto nationaal inkomen van Zuidelijk Afrika bedroeg in de jaren 1980 US$83,1 miljard per jaar. Het aandeel in de wereld was 0,55%, en 16,0% in Afrika.

Het bruto nationaal inkomen per hoofd in Zuidelijk Afrika was $2.264,2 in de jaren 1980s, en was vergelijkbaar met Cuba (US$2,3 duizend), Panama (US$2,3 duizend), de Cookeilanden (US$2,2 duizend). Het BNI per hoofd in Zuidelijk Afrika was 27,4% lager dan het bruto nationaal inkomen per hoofd van de bevolking in de wereld ($3.117,1), en was in 2,4 keer hoger dan het bruto nationaal inkomen per hoofd van de bevolking in Afrika ($3.117,1).

De groei van het BNI in Zuidelijk Afrika bedroeg 2.5% in de jaren 1980, en was vergelijkbaar met Jemen (2,5%). De groei van het bruto nationaal inkomen in Zuidelijk Afrika (2,5%) was minder dan de groei van het bruto nationaal inkomen in de wereld (3,0%), was groter dan de groei van het bruto nationaal inkomen in Afrika (1,6%).

Vergelijking met subregio's. Het bruto nationaal inkomen van Zuidelijk Afrika was groter dan in Oost-Afrika (US$62,0 miljard) en in Centraal-Afrika (US$37,5 miljard); maar minder dan in West-Afrika (US$197,0 miljard) en in Noord-Afrika (US$139,3 miljard). Het bruto nationaal inkomen per hoofd in Zuidelijk Afrika was in Zuidelijk Afrika groter dan in West-Afrika (US$1.261,1), in Noord-Afrika (US$1.103,8), in Centraal-Afrika (US$621,8) en in Oost-Afrika (US$382,0). De groei van het bruto nationaal inkomen in Zuidelijk Afrika was groter dan in Centraal-Afrika (2,1%), in Noord-Afrika (2,1%) en in West-Afrika (-0,19%); maar minder dan in Oost-Afrika (3,0%).

Leiders. Het bruto nationaal inkomen van Zuidelijk Afrika in de jaren 1980 bestond uit: Zuid-Afrika (94,7%), Namibië (2,2%), Botswana (1,4%), Lesotho (0,99%), Swaziland (0,79%). Het bruto nationaal inkomen per hoofd in Zuidelijk Afrika onder de leiders: Zuid-Afrika ($2.439,2), Namibië ($1.495,0), Botswana ($1.104,2), Swaziland ($949,4) en Lesotho ($545,4). De groei van het BNI onder de leiders: Botswana (12,8%), Swaziland (6,4%), Lesotho (3,1%), Namibië (2,8%) en Zuid-Afrika (2,3%).

de jaren 1990

Het bruto nationaal inkomen van Zuidelijk Afrika bedroeg in de jaren 1990 US$145,3 miljard per jaar, en was vergelijkbaar met Saoedi-Arabië (US$144,8 miljard). Het aandeel in de wereld was 0,51%, en 25,7% in Afrika.

Het bruto nationaal inkomen per hoofd in Zuidelijk Afrika was $3.114,7 in de jaren 1990s, en was vergelijkbaar met Venezuela (US$3,1 duizend), Polen (US$3,2 duizend). Het BNI per hoofd in Zuidelijk Afrika was 37,6% lager dan het bruto nationaal inkomen per hoofd van de bevolking in de wereld ($4.991,4), en was in 3,9 keer hoger dan het bruto nationaal inkomen per hoofd van de bevolking in Afrika ($4.991,4).

De groei van het bruto nationaal inkomen in Zuidelijk Afrika bedroeg 1.7% in de jaren 1990, en was vergelijkbaar met Togo (1,6%). De groei van het bruto nationaal inkomen in Zuidelijk Afrika (1,7%) was minder dan de groei van het BNI in de wereld (2,8%), was minder dan de groei van het BNI in Afrika (2,5%).

Vergelijking met subregio's. Het bruto nationaal inkomen van Zuidelijk Afrika was groter dan in West-Afrika (US$105,8 miljard), in Oost-Afrika (US$69,8 miljard) en in Centraal-Afrika (US$39,6 miljard); maar minder dan in Noord-Afrika (US$206,0 miljard). Het bruto nationaal inkomen per hoofd in Zuidelijk Afrika was in Zuidelijk Afrika groter dan in Noord-Afrika (US$1.289,8), in West-Afrika (US$519,6), in Centraal-Afrika (US$481,8) en in Oost-Afrika (US$323,0). De groei van het BNI in Zuidelijk Afrika was groter dan in Centraal-Afrika (-0,91%); maar minder dan in Noord-Afrika (3,4%), in Oost-Afrika (2,9%) en in West-Afrika (2,7%).

Leiders. Het bruto nationaal inkomen van Zuidelijk Afrika in de jaren 1990 bestond uit: Zuid-Afrika (92,6%), Botswana (3,0%), Namibië (2,5%), Lesotho (0,98%), Swaziland (0,93%). Het bruto nationaal inkomen per hoofd in Zuidelijk Afrika onder de leiders: Zuid-Afrika ($3.298,2), Botswana ($2.967,0), Namibië ($2.263,4), Swaziland ($1.485,6) en Lesotho ($759,5). De groei van het bruto nationaal inkomen onder de leiders: Swaziland (5,2%), Namibië (4,5%), Botswana (4,0%), Lesotho (3,8%) en Zuid-Afrika (1,5%).

de jaren 2000

Het BNI van Zuidelijk Afrika bedroeg in de jaren 2000 US$231,8 miljard per jaar, en was vergelijkbaar met Argentinië (US$235,6 miljard), Griekenland (US$235,6 miljard). Het aandeel in de wereld was 0,50%, en 21,6% in Afrika.

Het bruto nationaal inkomen per hoofd in Zuidelijk Afrika was $4.260,3 in de jaren 2000s, en was vergelijkbaar met Suriname (US$4,4 duizend), Botswana (US$4,4 duizend). Het BNI per hoofd in Zuidelijk Afrika was 40,5% lager dan het bruto nationaal inkomen per hoofd van de bevolking in de wereld ($7.165,2), en was in 3,6 keer hoger dan het bruto nationaal inkomen per hoofd van de bevolking in Afrika ($7.165,2).

De groei van het BNI in Zuidelijk Afrika bedroeg 3.8% in de jaren 2000, en was vergelijkbaar met Venezuela (3,7%), Saint Vincent en de Grenadines (3,7%), Zuid-Afrika (3,7%). De groei van het BNI in Zuidelijk Afrika (3,8%) was groter dan de groei van het BNI in de wereld (3,0%), was minder dan de groei van het bruto nationaal inkomen in Afrika (5,1%).

Vergelijking met subregio's. Het bruto nationaal inkomen van Zuidelijk Afrika was groter dan in Oost-Afrika (US$120,4 miljard) en in Centraal-Afrika (US$87,8 miljard); maar minder dan in Noord-Afrika (US$379,9 miljard) en in West-Afrika (US$254,5 miljard). Het bruto nationaal inkomen per hoofd in Zuidelijk Afrika was in Zuidelijk Afrika groter dan in Noord-Afrika (US$1.995,7), in West-Afrika (US$959,5), in Centraal-Afrika (US$791,4) en in Oost-Afrika (US$421,7). De groei van het BNI in Zuidelijk Afrika was minder dan in Centraal-Afrika (6,6%), in Oost-Afrika (5,8%), in West-Afrika (5,6%) en in Noord-Afrika (4,9%).

Leiders. Het bruto nationaal inkomen van Zuidelijk Afrika in de jaren 2000 bestond uit: Zuid-Afrika (92,1%), Botswana (3,4%), Namibië (2,7%), Swaziland (0,96%), Lesotho (0,83%). Het BNI per hoofd in Zuidelijk Afrika onder de leiders: Zuid-Afrika ($4.480,4), Botswana ($4.364,2), Namibië ($3.287,7), Swaziland ($2.164,0) en Lesotho ($955,3). De groei van het bruto nationaal inkomen onder de leiders: Botswana (5,2%), Namibië (4,1%), Zuid-Afrika (3,7%), Swaziland (3,0%) en Lesotho (0,40%).

de jaren 2010

Het BNI van Zuidelijk Afrika bedroeg in de jaren 2010 US$382,7 miljard per jaar, en was vergelijkbaar met de Verenigde Arabische Emiraten (US$375,6 miljard). Het aandeel in de wereld was 0,49%, en 17,1% in Afrika.

Het BNI per hoofd in Zuidelijk Afrika was $6.123,0 in de jaren 2010s, en was vergelijkbaar met Servië (US$6,1 duizend), Peru (US$6,1 duizend), Tuvalu (US$6,0 duizend). Het bruto nationaal inkomen per hoofd in Zuidelijk Afrika was 42,3% lager dan het bruto nationaal inkomen per hoofd van de bevolking in de wereld ($10.611,7), en was in 3,2 keer hoger dan het bruto nationaal inkomen per hoofd van de bevolking in Afrika ($10.611,7).

De groei van het bruto nationaal inkomen in Zuidelijk Afrika bedroeg 1.8% in de jaren 2010. De groei van het BNI in Zuidelijk Afrika (1,8%) was minder dan de groei van het bruto nationaal inkomen in de wereld (3,1%), was minder dan de groei van het BNI in Afrika (2,9%).

Vergelijking met subregio's. Het BNI van Zuidelijk Afrika was 23,2% groter dan in Oost-Afrika (US$310,7 miljard) en 69,4% groter dan in Centraal-Afrika (US$225,9 miljard); maar 45,2% minder dan in Noord-Afrika (US$698,9 miljard) en 38,0% minder dan in West-Afrika (US$617,1 miljard). Het BNI per hoofd in Zuidelijk Afrika was in Zuidelijk Afrika94,0% groter dan in Noord-Afrika (US$3,2 duizend), 3,5 keer groter dan in West-Afrika (US$1.773,8), 4,1 keer groter dan in Centraal-Afrika (US$1.483,3) en 7,6 keer groter dan in Oost-Afrika

(US$808,7). De groei van het BNI in Zuidelijk Afrika was groter dan in Noord-Afrika (1,6%); maar minder dan in Oost-Afrika (5,9%), in West-Afrika (3,6%) en in Centraal-Afrika (3,5%).

Leiders. Het BNI van Zuidelijk Afrika in de jaren 2010 bestond uit: Zuid-Afrika (91,2%), Botswana (3,9%), Namibië (3,1%), Swaziland (0,99%), Lesotho (0,73%). Het bruto nationaal inkomen per hoofd in Zuidelijk Afrika onder de leiders: Botswana ($7.077,9), Zuid-Afrika ($6.356,5), Namibië ($5.211,7), Swaziland ($3.423,3) en Lesotho ($1.365,8). De groei van het bruto nationaal inkomen onder de leiders: Botswana (4,2%), Namibië (3,1%), Lesotho (1,9%), Zuid-Afrika (1,6%) en Swaziland (1,2%).

Part II. Structuur

	de jaren 2010
landbouw	2,7%
industrie	25,8%
constructie	4,1%
handel	15,1%
vervoer	9,5%
diensten	42,9%

Hoofdstuk IV. Landbouw

Landbouw, jacht, bosbouw, vissen (ISIC A-B)

De landbouw van Zuidelijk Afrika steeg van US$2,6 miljard per jaar in de jaren 1970 tot US$9,6 miljard per jaar in de jaren 2010, dat wil zeggen met US$7,1 miljard of 3,8 keer. De verandering vond plaats op US$4,5 miljard als gevolg van een 1,9-voudige stijging van de prijzen, en ook op -US$530,5 miljoen als gevolg van een 1,1-voudige afname van de productiviteit , evenals op US$3,1 miljard als gevolg van de toename van de bevolking. De gemiddelde jaarlijkse groei van de landbouw is 1,8%. De minimumwaarde van de landbouw bedroeg US$1,4 miljard in 1970. De maximumwaarde van de landbouw bedroeg US$11,5 miljard in 2011.

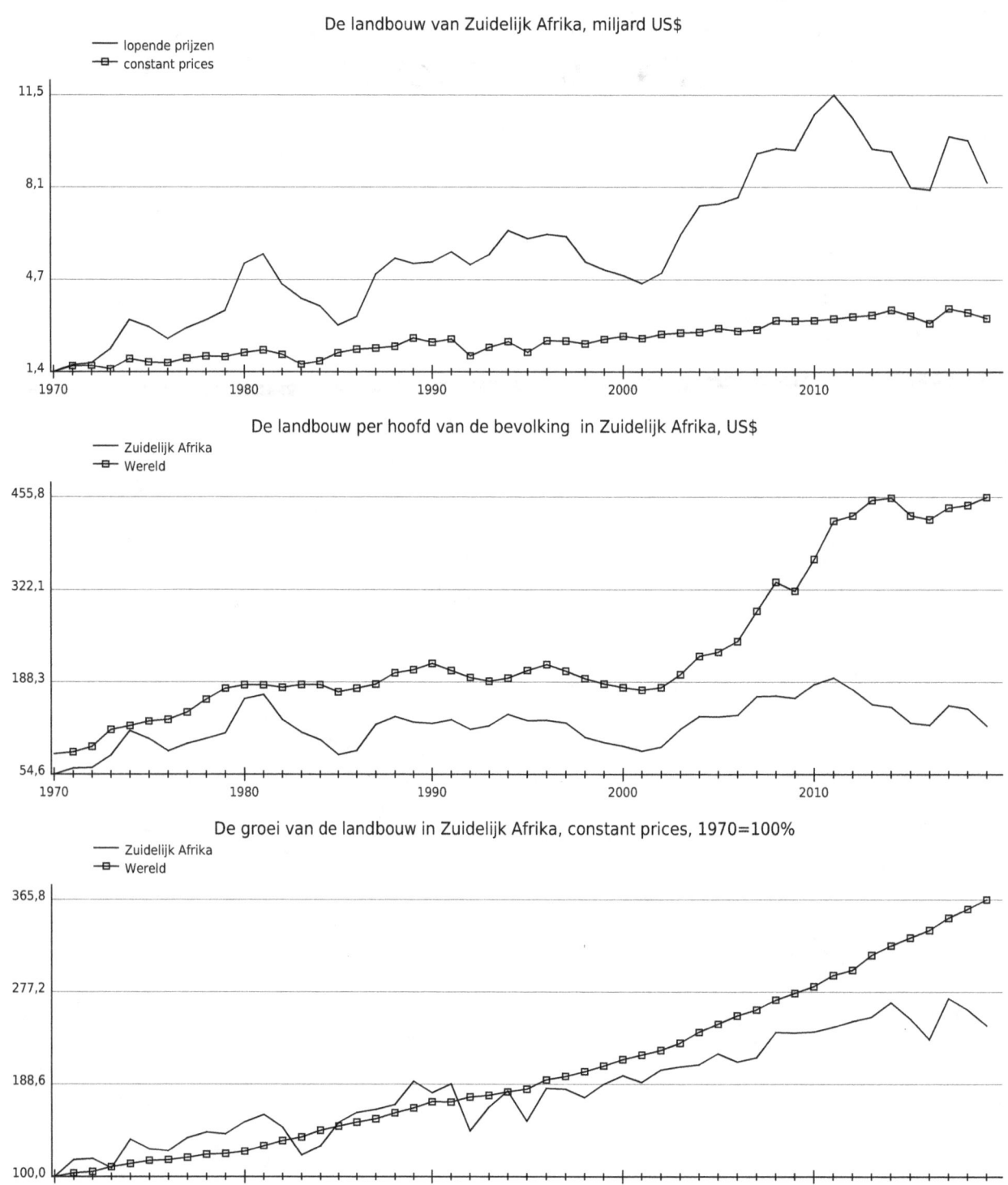

De landbouw van Zuidelijk Afrika, miljard US$

De landbouw per hoofd van de bevolking in Zuidelijk Afrika, US$

De groei van de landbouw in Zuidelijk Afrika, constant prices, 1970=100%

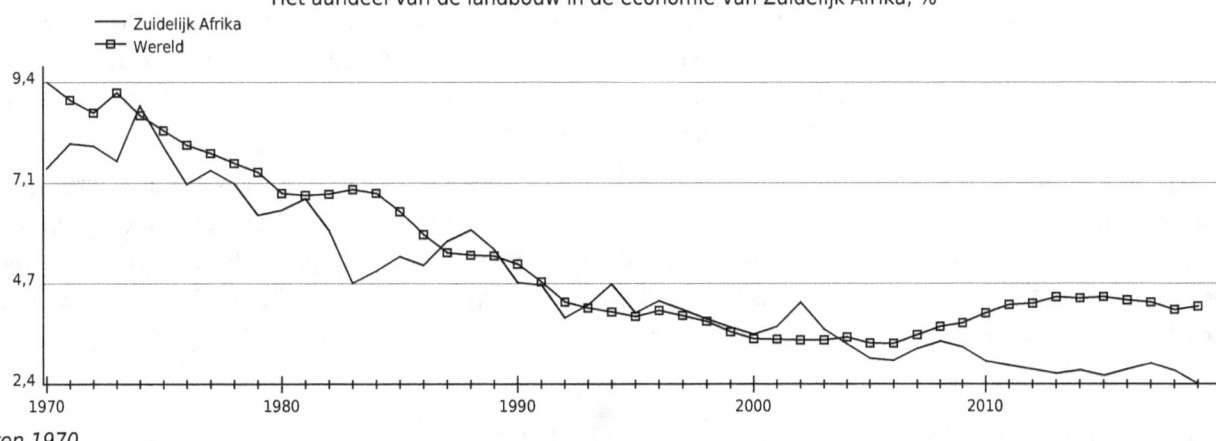

Het aandeel van de landbouw in de economie van Zuidelijk Afrika, %

de jaren 1970

De waarde van de landbouw in Zuidelijk Afrika bedroeg in de jaren 1970 US$2,6 miljard per jaar. Het aandeel in de wereld was 0,50%, en 5,6% in Afrika.

Het aandeel van de landbouw in de economie van Zuidelijk Afrika was 7,4% in de jaren 1970, en was vergelijkbaar met Zweden (7,4%), Oceanië (7,4%).

De sector van de landbouw per hoofd in Zuidelijk Afrika was $90,9 in de jaren 1970s, en was vergelijkbaar met Algerije (US$90,6), Noord-Afrika (US$90,2), Centraal-Afrika (US$92,1). De toegevoegde waarde van de landbouw per hoofd in Zuidelijk Afrika was 28,8% lager dan de landbouw per hoofd van de bevolking in de wereld ($127,6), en was 19,0% lager dan de landbouw per hoofd van de bevolking in Afrika ($127,6).

De groei van de landbouw in Zuidelijk Afrika bedroeg 3.9% in de jaren 1970, en was vergelijkbaar met Mozambique (3,9%), Bhutan (3,9%), Myanmar (3,9%). De groei van de landbouw in Zuidelijk Afrika (3,9%) was groter dan de groei van de landbouw in de wereld (2,2%), was groter dan de groei van de landbouw in Afrika (1,7%).

Vergelijking met subregio's. De toegevoegde waarde van de landbouw in Zuidelijk Afrika was minder dan in West-Afrika (US$20,2 miljard), in Oost-Afrika (US$10,4 miljard), in Noord-Afrika (US$8,7 miljard) en in Centraal-Afrika (US$4,2 miljard). De toegevoegde waarde van de landbouw per hoofd in Zuidelijk Afrika was in Zuidelijk Afrika groter dan in Noord-Afrika (US$90,2) en in Oost-Afrika (US$86,3); maar minder dan in West-Afrika (US$169,1) en in Centraal-Afrika (US$92,1). De groei van de landbouw in Zuidelijk Afrika was groter dan in Noord-Afrika (2,2%), in Oost-Afrika (2,0%), in Centraal-Afrika (1,6%) en in West-Afrika (0,69%).

Leiders. De sector van de landbouw in Zuidelijk Afrika in de jaren 1970 bestond uit: Zuid-Afrika (89,8%), Namibië (3,4%), Swaziland (2,9%), Botswana (2,7%), Lesotho (1,2%). Het aandeel van de landbouw in economie van de leiders: Botswana (27,9%), Lesotho (23,2%), Swaziland (20,9%), Namibië (8,8%) en Zuid-Afrika (7,0%). De toegevoegde waarde van de landbouw per hoofd in Zuidelijk Afrika onder de leiders: Swaziland ($151,5), Botswana ($93,5), Namibië ($92,7), Zuid-Afrika ($92,5) en Lesotho ($27,3). De groei van de landbouw onder de leiders: Botswana (9,5%), Swaziland (8,1%), Lesotho (5,3%), Zuid-Afrika (3,5%) en Namibië (3,0%).

de jaren 1980

De waarde van de landbouw in Zuidelijk Afrika bedroeg in de jaren 1980 US$4,6 miljard per jaar, en was vergelijkbaar met Finland (US$4,6 miljard), Portugal (US$4,6 miljard). Het aandeel in de wereld was 0,51%, en 5,3% in Afrika.

Het aandeel van de landbouw in de economie van Zuidelijk Afrika was 5,7% in de jaren 1980, en was vergelijkbaar met Spanje (5,7%).

De sector van de landbouw per hoofd in Zuidelijk Afrika was $124,5 in de jaren 1980s, en was vergelijkbaar met Sierra Leone (US$124,4), Pakistan (US$123,2), Azië (US$122,8). De waarde van de landbouw per hoofd in Zuidelijk Afrika was 33,3% lager dan de landbouw per hoofd van de bevolking in de wereld ($186,6), en was 21,8% lager dan de landbouw per hoofd van de bevolking in Afrika ($186,6).

De groei van de landbouw in Zuidelijk Afrika bedroeg 3.1% in de jaren 1980, en was vergelijkbaar met Noord-Afrika (3,1%), Ierland (3,1%), Kameroen (3,1%). De groei van de landbouw in Zuidelijk Afrika (3,1%) was minder dan de groei van de landbouw in de wereld (3,1%), was groter dan de groei van de landbouw in Afrika (2,8%).

Vergelijking met subregio's. De sector van de landbouw in Zuidelijk Afrika was minder dan in West-Afrika (US$38,3 miljard), in Oost-Afrika (US$18,6 miljard), in Noord-Afrika (US$17,4 miljard) en in Centraal-Afrika (US$7,3 miljard). De landbouw per hoofd in Zuidelijk Afrika was in Zuidelijk Afrika groter dan in Centraal-Afrika (US$121,7) en in Oost-Afrika (US$114,5); maar minder dan in West-Afrika (US$245,3) en in Noord-Afrika (US$137,8). De groei van de landbouw in Zuidelijk Afrika was groter dan in Noord-Afrika (3,1%), in West-Afrika (2,9%), in Oost-Afrika (2,6%) en in Centraal-Afrika (2,0%).

Leiders. De waarde van de landbouw in Zuidelijk Afrika in de jaren 1980 bestond uit: Zuid-Afrika (89,9%), Namibië (4,0%), Swaziland (2,9%), Botswana (2,0%), Lesotho (1,2%). Het aandeel van de landbouw in economie van de leiders: Lesotho (17,1%), Swaziland (15,8%), Namibië (8,9%), Botswana (8,1%) en Zuid-Afrika (5,4%). De sector van de landbouw per hoofd in Zuidelijk Afrika onder de leiders: Swaziland ($193,0), Namibië ($152,0), Zuid-Afrika ($127,4), Botswana ($85,2) en Lesotho ($36,4). De groei van de landbouw onder de leiders: Zuid-Afrika (3,6%), Swaziland (2,3%), Namibië (2,2%), Botswana (0,65%) en Lesotho (-3,3%).

de jaren 1990

De sector van de landbouw in Zuidelijk Afrika bedroeg in de jaren 1990 US$5,8 miljard per jaar, en was vergelijkbaar met Roemenië (US$5,8 miljard), Marokko (US$5,7 miljard). Het aandeel in de wereld was 0,51%, en 6,1% in Afrika.

Het aandeel van de landbouw in de economie van Zuidelijk Afrika was 4,2% in de jaren 1990, en was vergelijkbaar met Oceanië (4,3%).

De sector van de landbouw per hoofd in Zuidelijk Afrika was $124,6 in de jaren 1990s, en was vergelijkbaar met Centraal-Afrika (US$125,3), Laos (US$125,4), Zuid-Afrika (US$125,5). De waarde van de landbouw per hoofd in Zuidelijk Afrika was 37,7% lager dan de landbouw per hoofd van de bevolking in de wereld ($199,8), en was 7,4% lager dan de landbouw per hoofd van de bevolking in Afrika ($199,8).

De groei van de landbouw in Zuidelijk Afrika bedroeg -0.2% in de jaren 1990. De groei van de landbouw in Zuidelijk Afrika (-0,15%) was minder dan de groei van de landbouw in de wereld (2,2%), was minder dan de groei van de landbouw in Afrika (2,8%).

Vergelijking met subregio's. De waarde van de landbouw in Zuidelijk Afrika was minder dan in Noord-Afrika (US$29,4 miljard), in West-Afrika (US$29,2 miljard), in Oost-Afrika (US$20,6 miljard) en in Centraal-Afrika (US$10,3 miljard). De waarde van de landbouw per hoofd in Zuidelijk Afrika was in Zuidelijk Afrika groter dan in Oost-Afrika (US$95,3); maar minder dan in Noord-Afrika (US$184,3), in West-Afrika (US$143,3) en in Centraal-Afrika (US$125,3). De groei van de landbouw in Zuidelijk Afrika was minder dan in Noord-Afrika (3,8%), in West-Afrika (3,0%), in Oost-Afrika (2,8%) en in Centraal-Afrika (0,43%).

Leiders. De sector van de landbouw in Zuidelijk Afrika in de jaren 1990 bestond uit: Zuid-Afrika (88,1%), Namibië (5,5%), Botswana (2,9%), Swaziland (2,4%), Lesotho (1,1%). Het aandeel van de landbouw in economie van de leiders: Namibië (9,7%), Lesotho (9,1%), Swaziland (8,5%), Botswana (4,2%) en Zuid-Afrika (4,0%). De landbouw per hoofd in Zuidelijk Afrika onder de leiders: Namibië ($198,1), Swaziland ($149,5), Zuid-Afrika ($125,5), Botswana ($117,6) en Lesotho ($35,2). De groei van de landbouw onder de leiders: Namibië (1,8%), Botswana (1,2%), Lesotho (1,2%), Swaziland (-0,13%) en Zuid-Afrika (-0,51%).

de jaren 2000

De landbouw van Zuidelijk Afrika bedroeg in de jaren 2000 US$7,2 miljard per jaar, en was vergelijkbaar met Venezuela (US$7,4 miljard). Het aandeel in de wereld was 0,46%, en 4,4% in Afrika.

Het aandeel van de landbouw in de economie van Zuidelijk Afrika was 3,3% in de jaren 2000, en was vergelijkbaar met Frans-Polynesië (3,4%), Mexico (3,4%), Jordanië (3,3%).

De waarde van de landbouw per hoofd in Zuidelijk Afrika was $132,3 in de jaren 2000s, en was vergelijkbaar met Zuid-Azië (US$134,4), Noord-Korea (US$130,0), India (US$129,7). De sector van de landbouw per hoofd in Zuidelijk Afrika was 44,9% lager dan de landbouw per hoofd van de bevolking in de wereld ($240,3), en was 27,3% lager dan de landbouw per hoofd van de bevolking in Afrika ($240,3).

De groei van de landbouw in Zuidelijk Afrika bedroeg 2.3% in de jaren 2000, en was vergelijkbaar met Senegal (2,3%). De groei van de landbouw in Zuidelijk Afrika (2,3%) was minder dan de groei van de landbouw in de wereld (3,0%), was minder dan de groei van de landbouw in Afrika (5,1%).

Vergelijking met subregio's. De landbouw van Zuidelijk Afrika was minder dan in West-Afrika (US$69,8 miljard), in Noord-Afrika (US$47,0 miljard), in Oost-Afrika (US$30,1 miljard) en in Centraal-Afrika (US$10,8 miljard). De landbouw per hoofd in Zuidelijk Afrika was in Zuidelijk Afrika groter dan in Oost-Afrika (US$105,3) en in Centraal-Afrika (US$97,8); maar minder dan in West-Afrika

(US$263,3) en in Noord-Afrika (US$247,1). De groei van de landbouw in Zuidelijk Afrika was minder dan in West-Afrika (7,4%), in Noord-Afrika (4,4%), in Centraal-Afrika (3,5%) en in Oost-Afrika (3,3%).

Leiders. De landbouw van Zuidelijk Afrika in de jaren 2000 bestond uit: Zuid-Afrika (84,0%), Namibië (8,1%), Swaziland (4,0%), Botswana (2,8%), Lesotho (1,0%). Het aandeel van de landbouw in economie van de leiders: Swaziland (11,1%), Namibië (9,9%), Lesotho (6,1%), Zuid-Afrika (3,1%) en Botswana (2,7%). De waarde van de landbouw per hoofd in Zuidelijk Afrika onder de leiders: Namibië ($303,0), Swaziland ($278,5), Zuid-Afrika ($127,0), Botswana ($114,1) en Lesotho ($36,9). De groei van de landbouw onder de leiders: Swaziland (4,1%), Zuid-Afrika (2,5%), Botswana (2,2%), Namibië (0,89%) en Lesotho (-1,3%).

de jaren 2010

De sector van de landbouw in Zuidelijk Afrika bedroeg in de jaren 2010 US$9,6 miljard per jaar, en was vergelijkbaar met Chili (US$9,6 miljard). Het aandeel in de wereld was 0,30%, en 2,8% in Afrika.

Het aandeel van de landbouw in de economie van Zuidelijk Afrika was 2,7% in de jaren 2010, en was vergelijkbaar met Zuid-Europa (2,7%), Finland (2,7%), Slowakije (2,7%).

De waarde van de landbouw per hoofd in Zuidelijk Afrika was $153,9 in de jaren 2010s, en was vergelijkbaar met Congo (US$155,3), de Centraal-Afrikaanse Republiek (US$155,5). De landbouw per hoofd in Zuidelijk Afrika was in 2,8 keer lager dan de landbouw per hoofd van de bevolking in de wereld ($432,1), en was 47,7% lager dan de landbouw per hoofd van de bevolking in Afrika ($432,1).

De groei van de landbouw in Zuidelijk Afrika bedroeg 0.3% in de jaren 2010. De groei van de landbouw in Zuidelijk Afrika (0,28%) was minder dan de groei van de landbouw in de wereld (2,9%), was minder dan de groei van de landbouw in Afrika (3,7%).

Vergelijking met subregio's. De landbouw van Zuidelijk Afrika was 14,8 keer minder dan in West-Afrika (US$142,1 miljard), 9,2 keer minder dan in Noord-Afrika (US$88,4 miljard), 8,0 keer minder dan in Oost-Afrika (US$77,2 miljard) en 2,8 keer minder dan in Centraal-Afrika (US$26,6 miljard). De landbouw per hoofd Zuidelijk Afrika was in Zuidelijk Afrika2,7 keer minder dan in West-Afrika (US$408,3), 2,6 keer minder dan in Noord-Afrika (US$399,3), 23,4% minder dan in Oost-Afrika (US$200,8) en 11,8% minder dan in Centraal-Afrika (US$174,5). De groei van de landbouw in Zuidelijk Afrika was minder dan in Centraal-Afrika (4,6%), in Oost-Afrika (4,2%), in West-Afrika (3,8%) en in Noord-Afrika (3,3%).

Leiders. De toegevoegde waarde van de landbouw in Zuidelijk Afrika in de jaren 2010 bestond uit: Zuid-Afrika (81,6%), Namibië (9,3%), Swaziland (4,3%), Botswana (3,6%), Lesotho (1,2%). Het aandeel van de landbouw in economie van de leiders: Swaziland (9,8%), Namibië (7,9%), Lesotho (5,2%), Zuid-Afrika (2,4%) en Botswana (2,4%). De landbouw per hoofd in Zuidelijk Afrika onder de leiders: Namibië ($388,0), Swaziland ($379,3), Botswana ($164,2), Zuid-Afrika ($142,9) en Lesotho ($54,7). De groei van de landbouw onder de leiders: Zuid-Afrika (0,48%), Botswana (0,32%), Lesotho (0,13%), Swaziland (-0,57%) en Namibië (-0,94%).

Hoofdstuk V. Industrie

Mijnbouw, productie, nutsbedrijven (ISIC C-E)

De sector van de industrie in Zuidelijk Afrika steeg van US$12,2 miljard per jaar in de jaren 1970 tot US$91,3 miljard per jaar in de jaren 2010, dat wil zeggen met US$79,0 miljard of 7,5 keer. De verandering vond plaats op US$70,8 miljard als gevolg van een 4,5-voudige stijging van de prijzen, en ook op -US$6,7 miljard als gevolg van een 1,3-voudige afname van de productiviteit , evenals op US$14,9 miljard als gevolg van de toename van de bevolking. De gemiddelde jaarlijkse groei van de industrie is 1,1%. De minimumwaarde van de industrie bedroeg US$6,1 miljard in 1970. De maximumwaarde van de industrie bedroeg US$107,9 miljard in 2011.

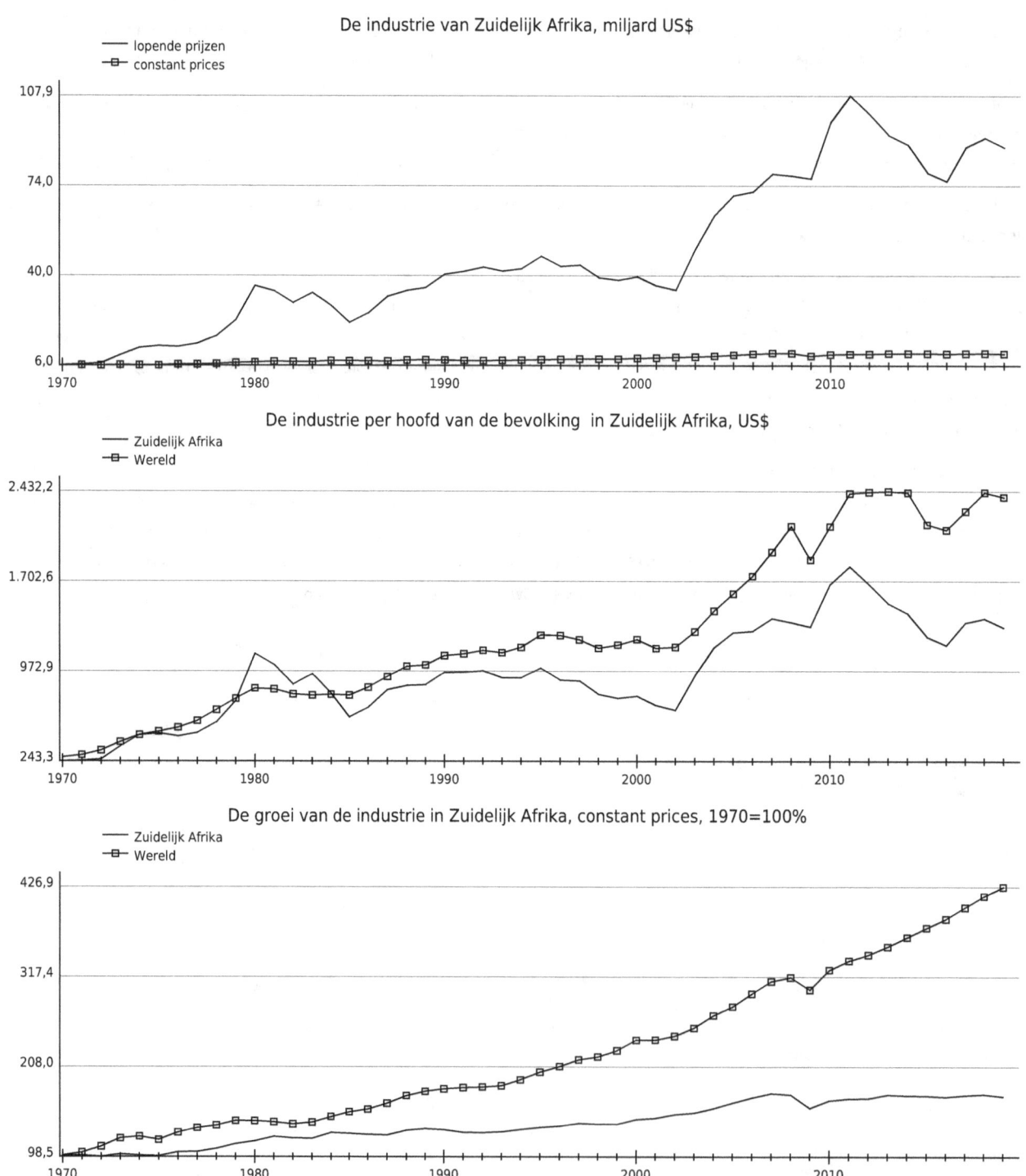

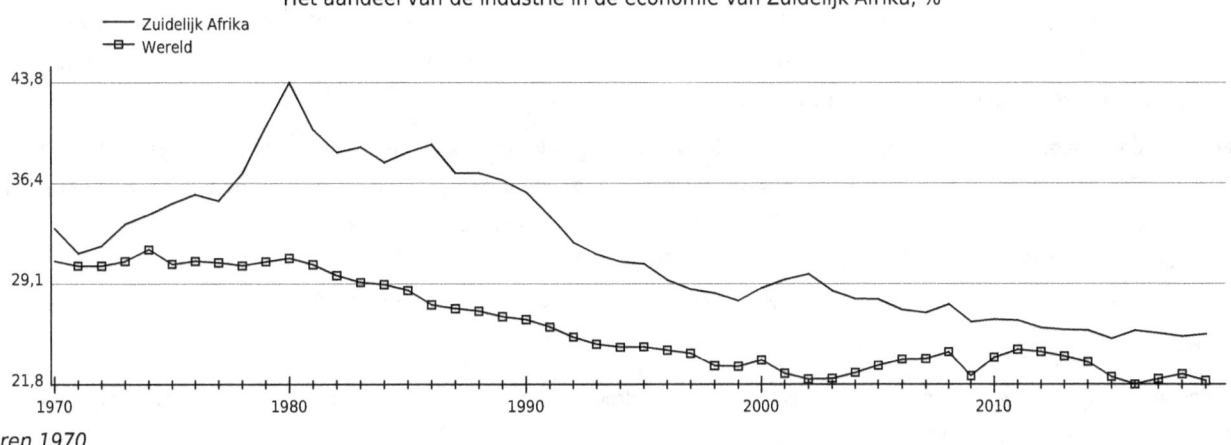

Het aandeel van de industrie in de economie van Zuidelijk Afrika, %

— Zuidelijk Afrika
–▫– Wereld

de jaren 1970

De industrie van Zuidelijk Afrika bedroeg in de jaren 1970 US$12,2 miljard per jaar. Het aandeel in de wereld was 0,63%, en 16,5% in Afrika.

Het aandeel van de industrie in de economie van Zuidelijk Afrika was 35,6% in de jaren 1970, en was vergelijkbaar met Duitsland (35,6%), Bahrein (35,7%), Zuid-Afrika (35,8%).

De waarde van de industrie per hoofd in Zuidelijk Afrika was $434,0 in de jaren 1970s, en was vergelijkbaar met Namibië (US$432,6), Hongarije (US$430,6), Kiribati (US$441,6). De waarde van de industrie per hoofd in Zuidelijk Afrika was 9,7% lager dan de industrie per hoofd van de bevolking in de wereld ($480,5), en was in 2,4 keer hoger dan de industrie per hoofd van de bevolking in Afrika ($480,5).

De groei van de industrie in Zuidelijk Afrika bedroeg 1.5% in de jaren 1970. De groei van de industrie in Zuidelijk Afrika (1,5%) was minder dan de groei van de industrie in de wereld (4,0%), was minder dan de groei van de industrie in Afrika (5,5%).

Vergelijking met subregio's. De toegevoegde waarde van de industrie in Zuidelijk Afrika was groter dan in Oost-Afrika (US$6,8 miljard) en in Centraal-Afrika (US$5,6 miljard); maar minder dan in West-Afrika (US$29,9 miljard) en in Noord-Afrika (US$19,9 miljard). De waarde van de industrie per hoofd in Zuidelijk Afrika was in Zuidelijk Afrika groter dan in West-Afrika (US$250,3), in Noord-Afrika (US$205,8), in Centraal-Afrika (US$122,8) en in Oost-Afrika (US$56,5). De groei van de industrie in Zuidelijk Afrika was groter dan in Centraal-Afrika (1,4%); maar minder dan in West-Afrika (7,3%), in Noord-Afrika (6,9%) en in Oost-Afrika (3,9%).

Leiders. De sector van de industrie in Zuidelijk Afrika in de jaren 1970 bestond uit: Zuid-Afrika (95,5%), Namibië (3,3%), Swaziland (0,62%), Botswana (0,45%), Lesotho (0,12%). Het aandeel van de industrie in economie van de leiders: Namibië (40,9%), Zuid-Afrika (35,8%), Botswana (22,2%), Swaziland (21,2%) en Lesotho (11,0%). De sector van de industrie per hoofd in Zuidelijk Afrika onder de leiders: Zuid-Afrika ($469,8), Namibië ($432,6), Swaziland ($153,5), Botswana ($74,4) en Lesotho ($13,0). De groei van de industrie onder de leiders: Botswana (21,2%), Swaziland (10,0%), Lesotho (6,7%), Namibië (3,1%) en Zuid-Afrika (1,3%).

de jaren 1980

De industrie van Zuidelijk Afrika bedroeg in de jaren 1980 US$31,2 miljard per jaar. Het aandeel in de wereld was 0,75%, en 19,9% in Afrika.

Het aandeel van de industrie in de economie van Zuidelijk Afrika was 38,8% in de jaren 1980, en was vergelijkbaar met Zuid-Afrika (39,1%).

De waarde van de industrie per hoofd in Zuidelijk Afrika was $849,4 in de jaren 1980s, en was vergelijkbaar met Algerije (US$854,7), de Wereld (US$861,8), Zuid-Korea (US$863,0). De waarde van de industrie per hoofd in Zuidelijk Afrika was 1,4% lager dan de industrie per hoofd van de bevolking in de wereld ($861,8), en was in 2,9 keer hoger dan de industrie per hoofd van de bevolking in Afrika ($861,8).

De groei van de industrie in Zuidelijk Afrika bedroeg 1.5% in de jaren 1980. De groei van de industrie in Zuidelijk Afrika (1,5%) was minder dan de groei van de industrie in de wereld (2,3%), was groter dan de groei van de industrie in Afrika (-0,99%).

Vergelijking met subregio's. De industrie van Zuidelijk Afrika was groter dan in Oost-Afrika (US$11,1 miljard) en in Centraal-Afrika

(US$11,0 miljard); maar minder dan in West-Afrika (US$56,4 miljard) en in Noord-Afrika (US$46,6 miljard). De industrie per hoofd in Zuidelijk Afrika was in Zuidelijk Afrika groter dan in Noord-Afrika (US$369,4), in West-Afrika (US$361,0), in Centraal-Afrika (US$183,0) en in Oost-Afrika (US$68,3). De groei van de industrie in Zuidelijk Afrika was groter dan in West-Afrika (-1,8%) en in Noord-Afrika (-2,3%); maar minder dan in Centraal-Afrika (2,7%) en in Oost-Afrika (2,4%).

Leiders. De toegevoegde waarde van de industrie in Zuidelijk Afrika in de jaren 1980 bestond uit: Zuid-Afrika (95,1%), Namibië (2,3%), Botswana (1,7%), Swaziland (0,69%), Lesotho (0,14%). Het aandeel van de industrie in economie van de leiders: Botswana (47,8%), Zuid-Afrika (39,1%), Namibië (35,5%), Swaziland (25,4%) en Lesotho (13,4%). De industrie per hoofd in Zuidelijk Afrika onder de leiders: Zuid-Afrika ($919,5), Namibië ($609,3), Botswana ($504,7), Swaziland ($309,6) en Lesotho ($28,5). De groei van de industrie onder de leiders: Botswana (16,3%), Swaziland (13,4%), Lesotho (8,0%), Namibië (1,6%) en Zuid-Afrika (1,1%).

de jaren 1990

De toegevoegde waarde van de industrie in Zuidelijk Afrika bedroeg in de jaren 1990 US$42,1 miljard per jaar. Het aandeel in de wereld was 0,63%, en 26,7% in Afrika.

Het aandeel van de industrie in de economie van Zuidelijk Afrika was 30,7% in de jaren 1990, en was vergelijkbaar met Thailand (30,6%), Zuidoost-Azië (30,9%), Zuid-Afrika (30,6%).

De industrie per hoofd in Zuidelijk Afrika was $903,4 in de jaren 1990s, en was vergelijkbaar met de Caraïben (US$924,3). De industrie per hoofd in Zuidelijk Afrika was 23,2% lager dan de industrie per hoofd van de bevolking in de wereld ($1.175,6), en was in 4,1 keer hoger dan de industrie per hoofd van de bevolking in Afrika ($1.175,6).

De groei van de industrie in Zuidelijk Afrika bedroeg 0.4% in de jaren 1990. De groei van de industrie in Zuidelijk Afrika (0,44%) was minder dan de groei van de industrie in de wereld (2,5%), was minder dan de groei van de industrie in Afrika (1,3%).

Vergelijking met subregio's. De industrie van Zuidelijk Afrika was groter dan in West-Afrika (US$30,3 miljard), in Centraal-Afrika (US$14,4 miljard) en in Oost-Afrika (US$11,5 miljard); maar minder dan in Noord-Afrika (US$59,5 miljard). De toegevoegde waarde van de industrie per hoofd in Zuidelijk Afrika was in Zuidelijk Afrika groter dan in Noord-Afrika (US$372,5), in Centraal-Afrika (US$174,5), in West-Afrika (US$148,8) en in Oost-Afrika (US$53,3). De groei van de industrie in Zuidelijk Afrika was groter dan in Centraal-Afrika (-1,2%); maar minder dan in Oost-Afrika (2,4%), in Noord-Afrika (2,2%) en in West-Afrika (0,92%).

Leiders. De sector van de industrie in Zuidelijk Afrika in de jaren 1990 bestond uit: Zuid-Afrika (92,4%), Botswana (4,1%), Namibië (1,8%), Swaziland (1,3%), Lesotho (0,30%). Het aandeel van de industrie in economie van de leiders: Botswana (42,4%), Swaziland (35,3%), Zuid-Afrika (30,6%), Namibië (23,2%) en Lesotho (17,6%). De sector van de industrie per hoofd in Zuidelijk Afrika onder de leiders: Botswana ($1.199,5), Zuid-Afrika ($954,6), Swaziland ($618,5), Namibië ($471,9) en Lesotho ($68,1). De groei van de industrie onder de leiders: Lesotho (12,0%), Swaziland (4,2%), Botswana (2,2%), Namibië (2,1%) en Zuid-Afrika (0,23%).

de jaren 2000

De industrie van Zuidelijk Afrika bedroeg in de jaren 2000 US$59,8 miljard per jaar, en was vergelijkbaar met West-Afrika (US$58,9 miljard). Het aandeel in de wereld was 0,58%, en 18,7% in Afrika.

Het aandeel van de industrie in de economie van Zuidelijk Afrika was 27,8% in de jaren 2000, en was vergelijkbaar met Slowakije (27,9%).

De toegevoegde waarde van de industrie per hoofd in Zuidelijk Afrika was $1.099,0 in de jaren 2000s, en was vergelijkbaar met de Seychellen (US$1.077,2). De industrie per hoofd in Zuidelijk Afrika was 30,2% lager dan de industrie per hoofd van de bevolking in de wereld ($1.573,8), en was in 3,1 keer hoger dan de industrie per hoofd van de bevolking in Afrika ($1.573,8).

De groei van de industrie in Zuidelijk Afrika bedroeg 1.3% in de jaren 2000. De groei van de industrie in Zuidelijk Afrika (1,3%) was minder dan de groei van de industrie in de wereld (2,9%), was minder dan de groei van de industrie in Afrika (3,1%).

Vergelijking met subregio's. De waarde van de industrie in Zuidelijk Afrika was groter dan in West-Afrika (US$58,9 miljard), in Centraal-Afrika (US$43,3 miljard) en in Oost-Afrika (US$18,6 miljard); maar minder dan in Noord-Afrika (US$139,0 miljard). De toegevoegde waarde van de industrie per hoofd in Zuidelijk Afrika was in Zuidelijk Afrika groter dan in Noord-Afrika (US$730,2), in Centraal-Afrika (US$390,2), in West-Afrika (US$221,9) en in Oost-Afrika (US$65,3). De groei van de industrie in Zuidelijk Afrika was minder dan in Oost-Afrika (6,0%), in Centraal-Afrika (5,4%), in Noord-Afrika (3,3%) en in West-Afrika (2,2%).

Leiders. De industrie van Zuidelijk Afrika in de jaren 2000 bestond uit: Zuid-Afrika (90,1%), Botswana (4,9%), Namibië (2,7%), Swaziland (1,6%), Lesotho (0,67%). Het aandeel van de industrie in economie van de leiders: Botswana (38,4%), Swaziland (36,8%), Lesotho (33,5%), Namibië (27,4%) en Zuid-Afrika (27,2%). De waarde van de industrie per hoofd in Zuidelijk Afrika onder de leiders: Botswana ($1.651,7), Zuid-Afrika ($1.130,5), Swaziland ($921,8), Namibië ($839,7) en Lesotho ($201,0). De groei van de industrie onder de leiders: Lesotho (8,4%), Namibië (3,7%), Swaziland (2,2%), Zuid-Afrika (1,3%) en Botswana (-0,20%).

de jaren 2010

De toegevoegde waarde van de industrie in Zuidelijk Afrika bedroeg in de jaren 2010 US$91,3 miljard per jaar, en was vergelijkbaar met de Caraïben (US$91,6 miljard), Centraal-Afrika (US$90,5 miljard), Zweden (US$92,3 miljard). Het aandeel in de wereld was 0,54%, en 16,0% in Afrika.

Het aandeel van de industrie in de economie van Zuidelijk Afrika was 25,8% in de jaren 2010, en was vergelijkbaar met Colombia (25,7%), Hongarije (25,6%), Afrika (25,9%).

De waarde van de industrie per hoofd in Zuidelijk Afrika was $1.459,9 in de jaren 2010s, en was vergelijkbaar met Mauritius (US$1.461,0), Saint Kitts en Nevis (US$1.433,7), Algerije (US$1.487,5). De industrie per hoofd in Zuidelijk Afrika was 37,1% lager dan de industrie per hoofd van de bevolking in de wereld ($2.320,9), en was in 3,0 keer hoger dan de industrie per hoofd van de bevolking in Afrika ($2.320,9).

De groei van de industrie in Zuidelijk Afrika bedroeg 0.9% in de jaren 2010, en was vergelijkbaar met Frankrijk (0,89%). De groei van de industrie in Zuidelijk Afrika (0,89%) was minder dan de groei van de industrie in de wereld (3,5%), was groter dan de groei van de industrie in Afrika (0,035%).

Vergelijking met subregio's. De toegevoegde waarde van de industrie in Zuidelijk Afrika was 0,89% groter dan in Centraal-Afrika (US$90,5 miljard) en 2,0 keer groter dan in Oost-Afrika (US$44,9 miljard); maar 2,3 keer minder dan in Noord-Afrika (US$212,1 miljard) en 31,2% minder dan in West-Afrika (US$132,7 miljard). De waarde van de industrie per hoofd in Zuidelijk Afrika was in Zuidelijk Afrika52,4% groter dan in Noord-Afrika (US$958,1), 2,5 keer groter dan in Centraal-Afrika (US$594,0), 3,8 keer groter dan in West-Afrika (US$381,4) en 12,5 keer groter dan in Oost-Afrika (US$116,9). De groei van de industrie in Zuidelijk Afrika was groter dan in Noord-Afrika (-3,0%); maar minder dan in Oost-Afrika (5,4%), in West-Afrika (3,3%) en in Centraal-Afrika (2,0%).

Leiders. De industrie van Zuidelijk Afrika in de jaren 2010 bestond uit: Zuid-Afrika (90,2%), Botswana (4,3%), Namibië (3,2%), Swaziland (1,6%), Lesotho (0,68%). Het aandeel van de industrie in economie van de leiders: Swaziland (33,8%), Lesotho (28,5%), Botswana (27,2%), Namibië (26,0%) en Zuid-Afrika (25,6%). De sector van de industrie per hoofd in Zuidelijk Afrika onder de leiders: Botswana ($1.834,9), Zuid-Afrika ($1.499,4), Swaziland ($1.312,3), Namibië ($1.277,5) en Lesotho ($300,3). De groei van de industrie onder de leiders: Namibië (2,9%), Swaziland (2,7%), Botswana (0,97%), Zuid-Afrika (0,79%) en Lesotho (0,74%).

Hoofdstuk 5.1. Fabricage

(ISIC D)

De toegevoegde waarde van de fabricage in Zuidelijk Afrika steeg van US$7,2 miljard per jaar in de jaren 1970 tot US$47,1 miljard per jaar in de jaren 2010, dat wil zeggen met US$39,8 miljard of 6,5 keer. De verandering vond plaats op US$29,6 miljard als gevolg van een 2,7-voudige stijging van de prijzen, en ook op US$1,5 miljard als gevolg van een 1,1-voudige toename van de productiviteit , evenals op US$8,8 miljard als gevolg van de toename van de bevolking. De gemiddelde jaarlijkse groei van de fabricage is 2,4%. De minimumwaarde van de fabricage bedroeg US$4,0 miljard in 1970. De maximumwaarde van de fabricage bedroeg US$54,4 miljard in 2011.

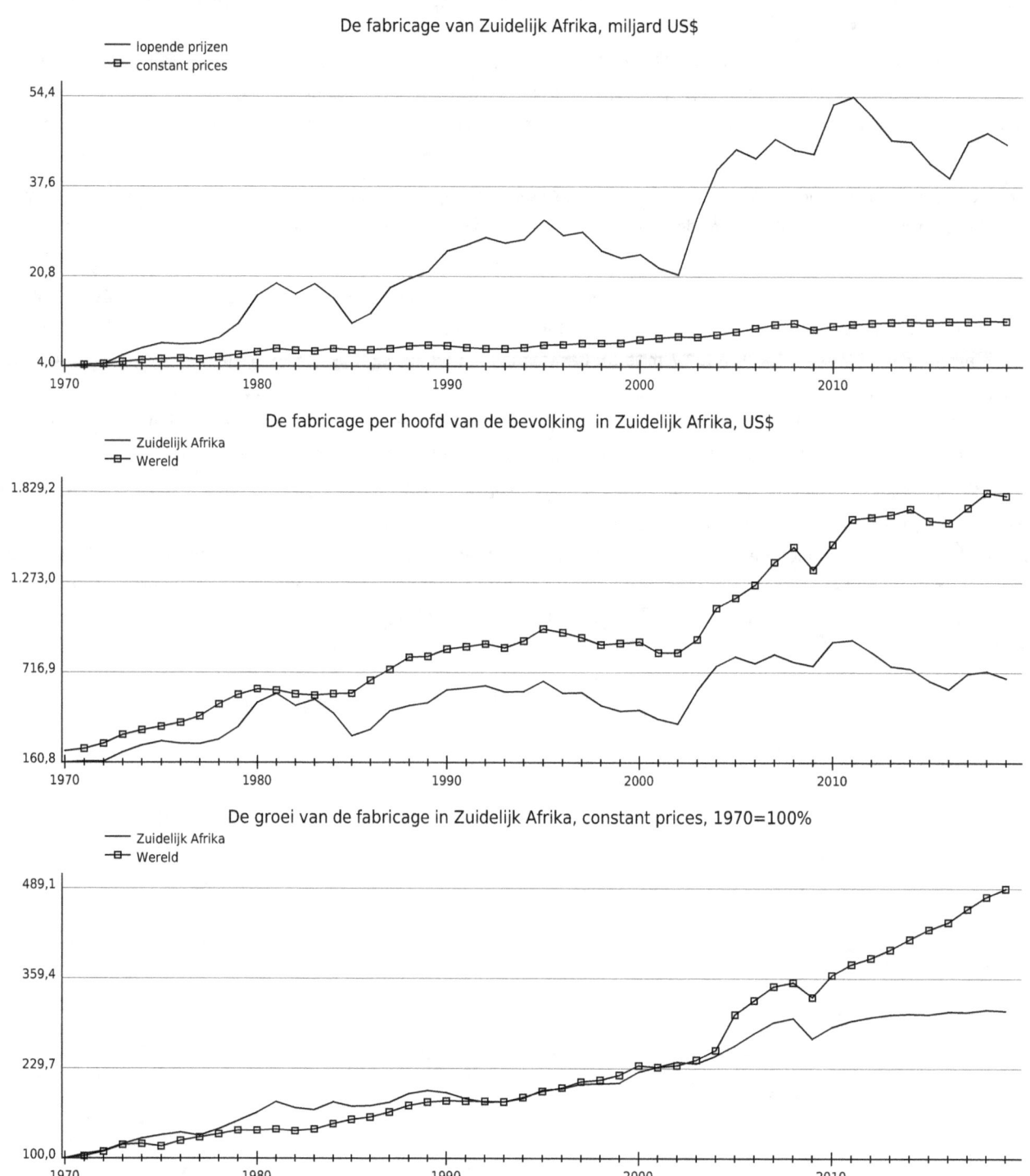

De fabricage van Zuidelijk Afrika, miljard US$

De fabricage per hoofd van de bevolking in Zuidelijk Afrika, US$

De groei van de fabricage in Zuidelijk Afrika, constant prices, 1970=100%

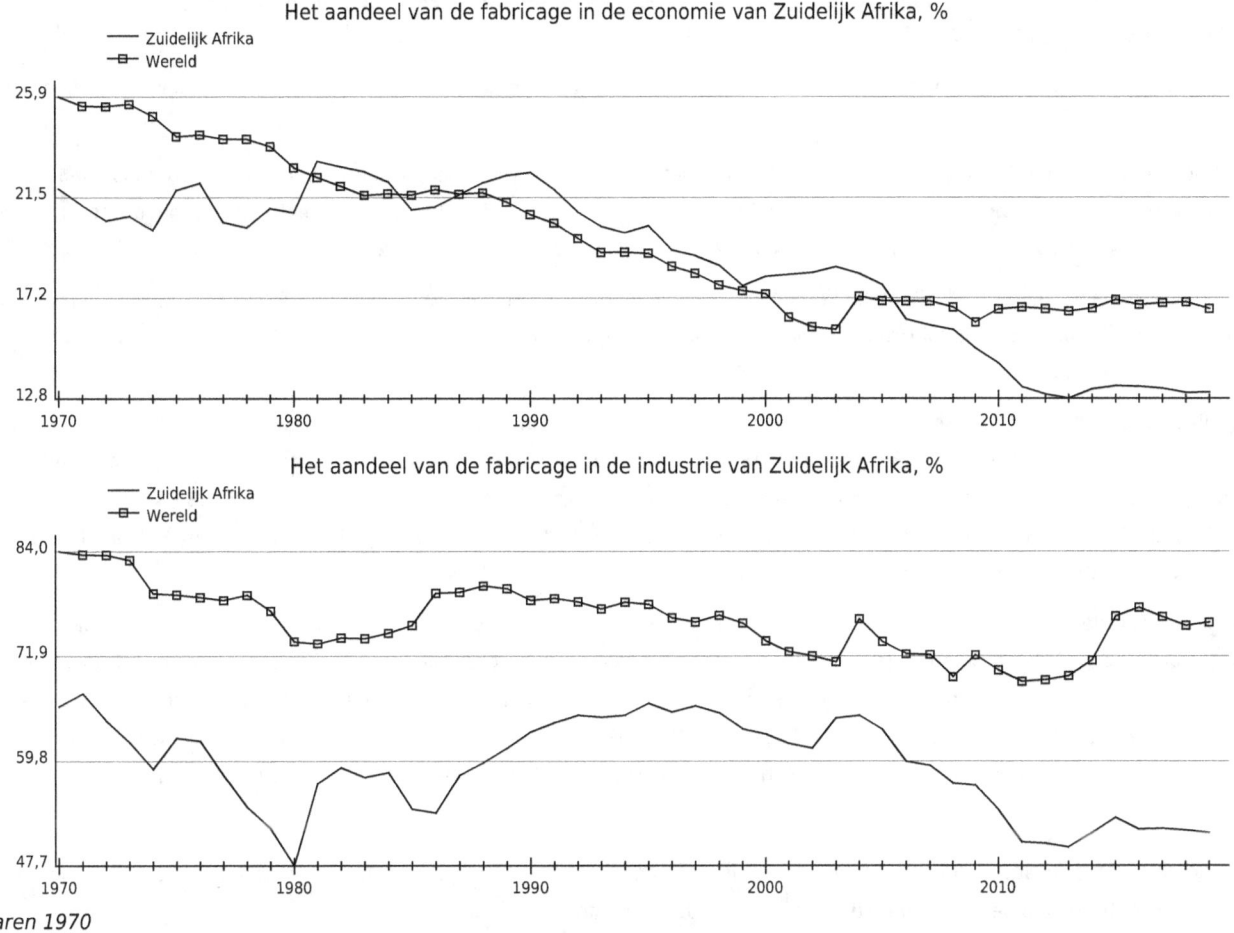

Het aandeel van de fabricage in de economie van Zuidelijk Afrika, %

Het aandeel van de fabricage in de industrie van Zuidelijk Afrika, %

de jaren 1970

De fabricage van Zuidelijk Afrika bedroeg in de jaren 1970 US$7,2 miljard per jaar. Het aandeel in de wereld was 0,47%, en 17,7% in Afrika.

Het aandeel van de fabricage in de economie van Zuidelijk Afrika was 21,0% in de jaren 1970, en was vergelijkbaar met de Nederland (21,0%), Ecuador (21,0%).

De toegevoegde waarde van de fabricage per hoofd in Zuidelijk Afrika was $255,9 in de jaren 1970s, en was vergelijkbaar met Barbados (US$254,7), Costa Rica (US$262,3). De fabricage per hoofd in Zuidelijk Afrika was 33,2% lager dan de fabricage per hoofd van de bevolking in de wereld ($383,2), en was in 2,6 keer hoger dan de fabricage per hoofd van de bevolking in Afrika ($383,2).

De groei van de fabricage in Zuidelijk Afrika bedroeg 4.9% in de jaren 1970, en was vergelijkbaar met Pakistan (4,9%), Afrika (4,9%), Bhutan (5,0%). De groei van de fabricage in Zuidelijk Afrika (4,9%) was groter dan de groei van de fabricage in de wereld (3,8%), was groter dan de groei van de fabricage in Afrika (4,9%).

Vergelijking met subregio's. De fabricage van Zuidelijk Afrika was groter dan in Noord-Afrika (US$6,3 miljard), in Oost-Afrika (US$5,3 miljard) en in Centraal-Afrika (US$2,1 miljard); maar minder dan in West-Afrika (US$19,8 miljard). De sector van de fabricage per hoofd in Zuidelijk Afrika was in Zuidelijk Afrika groter dan in West-Afrika (US$166,0), in Noord-Afrika (US$65,2), in Centraal-Afrika (US$47,0) en in Oost-Afrika (US$44,2). De groei van de fabricage in Zuidelijk Afrika was groter dan in Centraal-Afrika (-0,67%); maar minder dan in West-Afrika (9,1%), in Noord-Afrika (5,6%) en in Oost-Afrika (5,0%).

Leiders. De waarde van de fabricage in Zuidelijk Afrika in de jaren 1970 bestond uit: Zuid-Afrika (97,5%), Namibië (1,3%), Swaziland (0,78%), Botswana (0,25%), Lesotho (0,12%). Het aandeel van de fabricage in economie van de leiders: Zuid-Afrika (21,5%), Swaziland (15,7%), Namibië (9,6%), Botswana (7,4%) en Lesotho (6,6%). De sector van de fabricage per hoofd in Zuidelijk Afrika onder de leiders: Zuid-Afrika ($282,8), Swaziland ($113,9), Namibië ($101,7), Botswana ($24,9) en Lesotho ($7,8). De groei van de fabricage onder de leiders: Botswana (23,1%), Swaziland (14,3%), Lesotho (5,4%), Zuid-Afrika (4,9%) en Namibië (3,4%).

de jaren 1980

De toegevoegde waarde van de fabricage in Zuidelijk Afrika bedroeg in de jaren 1980 US$17,7 miljard per jaar. Het aandeel in de wereld was 0,55%, en 20,7% in Afrika.

Het aandeel van de fabricage in de economie van Zuidelijk Afrika was 22,1% in de jaren 1980, en was vergelijkbaar met België (22,1%), Spanje (22,0%).

De fabricage per hoofd in Zuidelijk Afrika was $482,3 in de jaren 1980s, en was vergelijkbaar met Trinidad en Tobago (US$489,8). De waarde van de fabricage per hoofd in Zuidelijk Afrika was 27,1% lager dan de fabricage per hoofd van de bevolking in de wereld ($661,2), en was in 3,1 keer hoger dan de fabricage per hoofd van de bevolking in Afrika ($661,2).

De groei van de fabricage in Zuidelijk Afrika bedroeg 2.5% in de jaren 1980, en was vergelijkbaar met Irak (2,5%), Zuid-Europa (2,5%), Zweden (2,5%). De groei van de fabricage in Zuidelijk Afrika (2,5%) was minder dan de groei van de fabricage in de wereld (2,6%), was groter dan de groei van de fabricage in Afrika (2,0%).

Vergelijking met subregio's. De fabricage van Zuidelijk Afrika was groter dan in Noord-Afrika (US$16,5 miljard), in Oost-Afrika (US$8,8 miljard) en in Centraal-Afrika (US$4,3 miljard); maar minder dan in West-Afrika (US$38,1 miljard). De sector van de fabricage per hoofd in Zuidelijk Afrika was in Zuidelijk Afrika groter dan in West-Afrika (US$243,7), in Noord-Afrika (US$130,4), in Centraal-Afrika (US$71,8) en in Oost-Afrika (US$54,4). De groei van de fabricage in Zuidelijk Afrika was groter dan in Centraal-Afrika (1,8%) en in West-Afrika (-1,1%); maar minder dan in Noord-Afrika (6,1%) en in Oost-Afrika (3,1%).

Leiders. De waarde van de fabricage in Zuidelijk Afrika in de jaren 1980 bestond uit: Zuid-Afrika (97,2%), Namibië (1,2%), Swaziland (1,0%), Botswana (0,43%), Lesotho (0,18%). Het aandeel van de fabricage in economie van de leiders: Zuid-Afrika (22,7%), Swaziland (21,3%), Namibië (10,2%), Lesotho (10,1%) en Botswana (6,7%). De toegevoegde waarde van de fabricage per hoofd in Zuidelijk Afrika onder de leiders: Zuid-Afrika ($533,5), Swaziland ($259,1), Namibië ($175,0), Botswana ($71,2) en Lesotho ($21,5). De groei van de fabricage onder de leiders: Swaziland (14,8%), Lesotho (11,1%), Botswana (8,7%), Namibië (3,0%) en Zuid-Afrika (2,3%).

de jaren 1990

De waarde van de fabricage in Zuidelijk Afrika bedroeg in de jaren 1990 US$27,4 miljard per jaar, en was vergelijkbaar met de Caraïben (US$27,7 miljard). Het aandeel in de wereld was 0,53%, en 31,0% in Afrika.

Het aandeel van de fabricage in de economie van Zuidelijk Afrika was 20,0% in de jaren 1990, en was vergelijkbaar met Honduras (20,0%), Europa (19,9%), Ivoorkust (19,9%).

De sector van de fabricage per hoofd in Zuidelijk Afrika was $586,9 in de jaren 1990s, en was vergelijkbaar met Letland (US$585,7), Thailand (US$592,2), Costa Rica (US$592,3). De waarde van de fabricage per hoofd in Zuidelijk Afrika was 35,4% lager dan de fabricage per hoofd van de bevolking in de wereld ($908,4), en was in 4,7 keer hoger dan de fabricage per hoofd van de bevolking in Afrika ($908,4).

De groei van de fabricage in Zuidelijk Afrika bedroeg 0.5% in de jaren 1990. De groei van de fabricage in Zuidelijk Afrika (0,54%) was minder dan de groei van de fabricage in de wereld (2,0%), was minder dan de groei van de fabricage in Afrika (0,55%).

Vergelijking met subregio's. De sector van de fabricage in Zuidelijk Afrika was groter dan in West-Afrika (US$19,7 miljard), in Oost-Afrika (US$8,8 miljard) en in Centraal-Afrika (US$4,0 miljard); maar minder dan in Noord-Afrika (US$28,5 miljard). De waarde van de fabricage per hoofd in Zuidelijk Afrika was in Zuidelijk Afrika groter dan in Noord-Afrika (US$178,5), in West-Afrika (US$96,7), in Centraal-Afrika (US$48,8) en in Oost-Afrika (US$40,6). De groei van de fabricage in Zuidelijk Afrika was groter dan in West-Afrika (-0,68%) en in Centraal-Afrika (-7,1%); maar minder dan in Noord-Afrika (4,4%) en in Oost-Afrika (2,8%).

Leiders. De sector van de fabricage in Zuidelijk Afrika in de jaren 1990 bestond uit: Zuid-Afrika (95,6%), Swaziland (1,9%), Namibië (1,3%), Botswana (0,88%), Lesotho (0,35%). Het aandeel van de fabricage in economie van de leiders: Swaziland (32,0%), Zuid-Afrika (20,5%), Lesotho (13,4%), Namibië (10,5%) en Botswana (5,9%). De toegevoegde waarde van de fabricage per hoofd in Zuidelijk Afrika onder de leiders: Zuid-Afrika ($641,7), Swaziland ($562,1), Namibië ($214,3), Botswana ($167,0) en Lesotho ($51,7). De groei van de fabricage onder de leiders: Lesotho (7,7%), Botswana (6,9%), Swaziland (4,3%), Namibië (2,9%) en Zuid-Afrika (0,28%).

de jaren 2000

De toegevoegde waarde van de fabricage in Zuidelijk Afrika bedroeg in de jaren 2000 US$36,4 miljard per jaar. Het aandeel in de wereld was 0,49%, en 27,7% in Afrika.

Het aandeel van de fabricage in de economie van Zuidelijk Afrika was 16,9% in de jaren 2000, en was vergelijkbaar met Egypte (16,9%), Zuid-Amerika (16,8%).

De toegevoegde waarde van de fabricage per hoofd in Zuidelijk Afrika was $668,5 in de jaren 2000s, en was vergelijkbaar met de Dominicaanse Republiek (US$662,6), Azië (US$659,1). De fabricage per hoofd in Zuidelijk Afrika was 41,3% lager dan de fabricage per hoofd van de bevolking in de wereld ($1.138,1), en was in 4,6 keer hoger dan de fabricage per hoofd van de bevolking in Afrika ($1.138,1).

De groei van de fabricage in Zuidelijk Afrika bedroeg 2.7% in de jaren 2000, en was vergelijkbaar met Senegal (2,7%). De groei van de fabricage in Zuidelijk Afrika (2,7%) was minder dan de groei van de fabricage in de wereld (4,2%), was minder dan de groei van de fabricage in Afrika (3,5%).

Vergelijking met subregio's. De waarde van de fabricage in Zuidelijk Afrika was groter dan in West-Afrika (US$30,6 miljard), in Oost-Afrika (US$12,0 miljard) en in Centraal-Afrika (US$9,1 miljard); maar minder dan in Noord-Afrika (US$43,3 miljard). De waarde van de fabricage per hoofd in Zuidelijk Afrika was in Zuidelijk Afrika groter dan in Noord-Afrika (US$227,2), in West-Afrika (US$115,4), in Centraal-Afrika (US$81,7) en in Oost-Afrika (US$42,0). De groei van de fabricage in Zuidelijk Afrika was groter dan in West-Afrika (1,9%); maar minder dan in Centraal-Afrika (4,7%), in Noord-Afrika (4,4%) en in Oost-Afrika (3,8%).

Leiders. De toegevoegde waarde van de fabricage in Zuidelijk Afrika in de jaren 2000 bestond uit: Zuid-Afrika (93,3%), Swaziland (2,5%), Namibië (2,0%), Botswana (1,3%), Lesotho (0,78%). Het aandeel van de fabricage in economie van de leiders: Swaziland (35,2%), Lesotho (23,5%), Zuid-Afrika (17,2%), Namibië (12,5%) en Botswana (6,3%). De waarde van de fabricage per hoofd in Zuidelijk Afrika onder de leiders: Swaziland ($882,8), Zuid-Afrika ($712,6), Namibië ($382,9), Botswana ($273,3) en Lesotho ($141,1). De groei van de fabricage onder de leiders: Lesotho (7,8%), Namibië (5,3%), Botswana (3,7%), Zuid-Afrika (2,6%) en Swaziland (2,3%).

de jaren 2010

De toegevoegde waarde van de fabricage in Zuidelijk Afrika bedroeg in de jaren 2010 US$47,1 miljard per jaar, en was vergelijkbaar met Puerto Rico (US$48,2 miljard). Het aandeel in de wereld was 0,38%, en 19,5% in Afrika.

Het aandeel van de fabricage in de economie van Zuidelijk Afrika was 13,3% in de jaren 2010, en was vergelijkbaar met Togo (13,3%), Kosovo (13,4%), Zuid-Afrika (13,4%).

De sector van de fabricage per hoofd in Zuidelijk Afrika was $752,9 in de jaren 2010s, en was vergelijkbaar met Indonesië (US$756,8), Jordanië (US$759,2). De sector van de fabricage per hoofd in Zuidelijk Afrika was in 2,3 keer lager dan de fabricage per hoofd van de bevolking in de wereld ($1.697,4), en was in 3,7 keer hoger dan de fabricage per hoofd van de bevolking in Afrika ($1.697,4).

De groei van de fabricage in Zuidelijk Afrika bedroeg 1.4% in de jaren 2010. De groei van de fabricage in Zuidelijk Afrika (1,4%) was minder dan de groei van de fabricage in de wereld (3,9%), was minder dan de groei van de fabricage in Afrika (3,6%).

Vergelijking met subregio's. De toegevoegde waarde van de fabricage in Zuidelijk Afrika was 85,0% groter dan in Oost-Afrika (US$25,4 miljard) en 94,0% groter dan in Centraal-Afrika (US$24,3 miljard); maar 42,2% minder dan in Noord-Afrika (US$81,4 miljard) en 25,1% minder dan in West-Afrika (US$62,8 miljard). De sector van de fabricage per hoofd in Zuidelijk Afrika was in Zuidelijk Afrika2,0 keer groter dan in Noord-Afrika (US$367,7), 4,2 keer groter dan in West-Afrika (US$180,5), 4,7 keer groter dan in Centraal-Afrika (US$159,3) en 11,4 keer groter dan in Oost-Afrika (US$66,2). De groei van de fabricage in Zuidelijk Afrika was minder dan in West-Afrika (6,6%), in Oost-Afrika (5,4%), in Centraal-Afrika (3,6%) en in Noord-Afrika (2,3%).

Leiders. De sector van de fabricage in Zuidelijk Afrika in de jaren 2010 bestond uit: Zuid-Afrika (91,5%), Namibië (3,0%), Swaziland (2,9%), Botswana (1,9%), Lesotho (0,71%). Het aandeel van de fabricage in economie van de leiders: Swaziland (31,9%), Lesotho (15,5%), Zuid-Afrika (13,4%), Namibië (12,6%) en Botswana (6,1%). De waarde van de fabricage per hoofd in Zuidelijk Afrika onder de leiders: Swaziland ($1.240,1), Zuid-Afrika ($783,9), Namibië ($620,4), Botswana ($412,0) en Lesotho ($162,9). De groei van de fabricage onder de leiders: Botswana (3,9%), Swaziland (2,9%), Namibië (2,3%), Lesotho (1,3%) en Zuid-Afrika (1,3%).

Hoofdstuk VI. Constructie

(ISIC F)

De toegevoegde waarde van de constructie in Zuidelijk Afrika steeg van US$1,7 miljard per jaar in de jaren 1970 tot US$14,4 miljard per jaar in de jaren 2010, dat wil zeggen met US$12,7 miljard of 8,6 keer. De verandering vond plaats op US$10,6 miljard als gevolg van een 3,8-voudige stijging van de prijzen, en ook op US$100,6 miljoen als gevolg van een 1,0-voudige toename van de productiviteit , evenals op US$2,0 miljard als gevolg van de toename van de bevolking. De gemiddelde jaarlijkse groei van de constructie is 2,2%. De minimumwaarde van de constructie bedroeg US$811,1 miljoen in 1970. De maximumwaarde van de constructie bedroeg US$16,0 miljard in 2011.

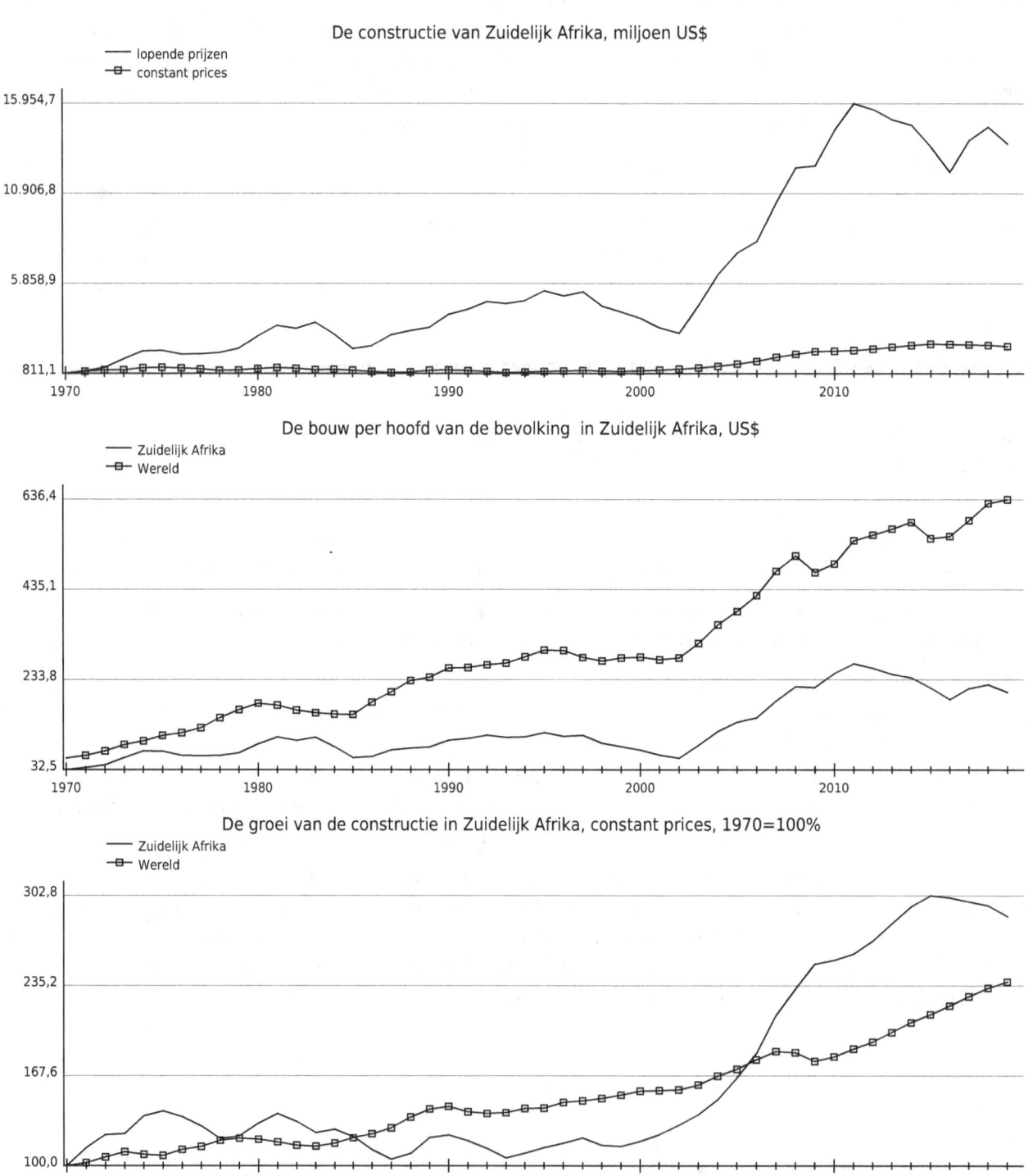

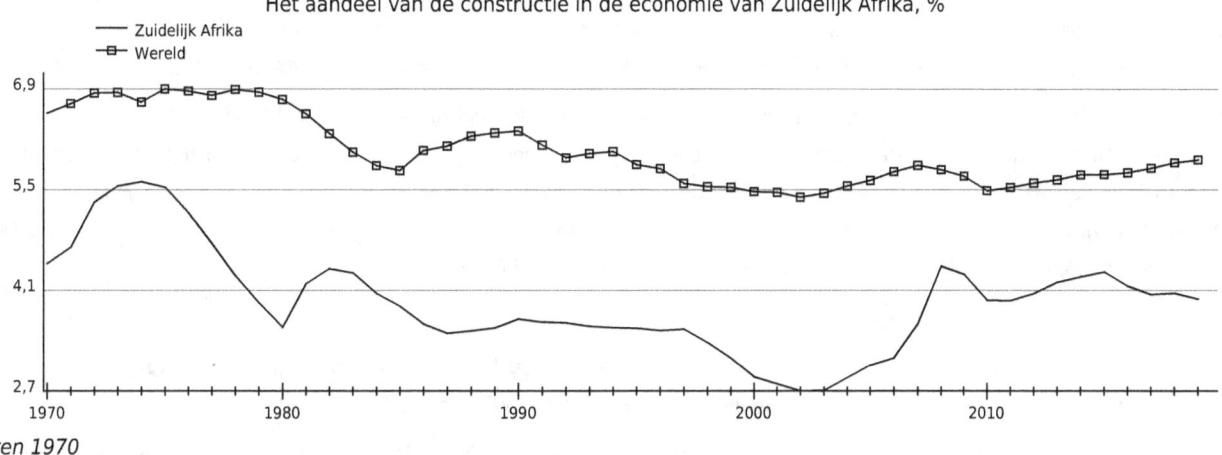

Het aandeel van de constructie in de economie van Zuidelijk Afrika, %

de jaren 1970

De toegevoegde waarde van de constructie in Zuidelijk Afrika bedroeg in de jaren 1970 US$1,7 miljard per jaar, en was vergelijkbaar met Noorwegen (US$1,6 miljard). Het aandeel in de wereld was 0,39%, en 10,1% in Afrika.

Het aandeel van de constructie in de economie van Zuidelijk Afrika was 4,8% in de jaren 1970, en was vergelijkbaar met Namibië (4,8%), Zuidoost-Azië (4,8%), Zuid-Afrika (4,8%).

De toegevoegde waarde van de constructie per hoofd in Zuidelijk Afrika was $58,8 in de jaren 1970s, en was vergelijkbaar met Kaapverdië (US$58,9), Antigua en Barbuda (US$60,0), Brazilië (US$57,5). De waarde van de constructie per hoofd in Zuidelijk Afrika was 44,5% lager dan de constructie per hoofd van de bevolking in de wereld ($106,1), en was 47,5% hoger dan de constructie per hoofd van de bevolking in Afrika ($106,1).

De groei van de constructie in Zuidelijk Afrika bedroeg 2.3% in de jaren 1970. De groei van de constructie in Zuidelijk Afrika (2,3%) was groter dan de groei van de constructie in de wereld (2,1%), was minder dan de groei van de constructie in Afrika (4,5%).

Vergelijking met subregio's. De waarde van de constructie in Zuidelijk Afrika was groter dan in Oost-Afrika (US$1,2 miljard) en in Centraal-Afrika (US$1,1 miljard); maar minder dan in West-Afrika (US$8,3 miljard) en in Noord-Afrika (US$4,0 miljard). De sector van de constructie per hoofd in Zuidelijk Afrika was in Zuidelijk Afrika groter dan in Noord-Afrika (US$41,9), in Centraal-Afrika (US$25,0) en in Oost-Afrika (US$10,1); maar minder dan in West-Afrika (US$69,7). De groei van de constructie in Zuidelijk Afrika was groter dan in Centraal-Afrika (1,2%) en in Oost-Afrika (-0,074%); maar minder dan in Noord-Afrika (7,9%) en in West-Afrika (6,6%).

Leiders. De waarde van de constructie in Zuidelijk Afrika in de jaren 1970 bestond uit: Zuid-Afrika (94,3%), Namibië (2,9%), Botswana (1,4%), Swaziland (1,1%), Lesotho (0,26%). Het aandeel van de constructie in economie van de leiders: Botswana (9,5%), Swaziland (5,3%), Namibië (4,8%), Zuid-Afrika (4,8%) en Lesotho (3,2%). De waarde van de constructie per hoofd in Zuidelijk Afrika onder de leiders: Zuid-Afrika ($62,9), Namibië ($50,9), Swaziland ($38,1), Botswana ($31,9) en Lesotho ($3,7). De groei van de constructie onder de leiders: Swaziland (17,1%), Botswana (13,7%), Lesotho (10,1%), Namibië (2,7%) en Zuid-Afrika (1,9%).

de jaren 1980

De waarde van de constructie in Zuidelijk Afrika bedroeg in de jaren 1980 US$3,1 miljard per jaar. Het aandeel in de wereld was 0,34%, en 10,6% in Afrika.

Het aandeel van de constructie in de economie van Zuidelijk Afrika was 3,8% in de jaren 1980.

De toegevoegde waarde van de constructie per hoofd in Zuidelijk Afrika was $83,5 in de jaren 1980s, en was vergelijkbaar met Azië (US$83,3), Paraguay (US$84,0), Tuvalu (US$84,3). De toegevoegde waarde van de constructie per hoofd in Zuidelijk Afrika was in 2,2 keer lager dan de constructie per hoofd van de bevolking in de wereld ($186,2), en was 56,7% hoger dan de constructie per hoofd van de bevolking in Afrika ($186,2).

De groei van de constructie in Zuidelijk Afrika bedroeg -0.1% in de jaren 1980. De groei van de constructie in Zuidelijk Afrika (-0,11%) was minder dan de groei van de constructie in de wereld (1,7%), was minder dan de groei van de constructie in Afrika (0,41%).

Vergelijking met subregio's. De toegevoegde waarde van de constructie in Zuidelijk Afrika was groter dan in Centraal-Afrika (US$2,1 miljard) en in Oost-Afrika (US$1,9 miljard); maar minder dan in Noord-Afrika (US$12,1 miljard) en in West-Afrika (US$9,7 miljard). De waarde van de constructie per hoofd in Zuidelijk Afrika was in Zuidelijk Afrika groter dan in West-Afrika (US$62,4), in Centraal-Afrika (US$34,6) en in Oost-Afrika (US$11,6); maar minder dan in Noord-Afrika (US$95,8). De groei van de constructie in Zuidelijk Afrika was groter dan in West-Afrika (-3,3%); maar minder dan in Noord-Afrika (2,3%), in Centraal-Afrika (0,98%) en in Oost-Afrika (0,82%).

Leiders. De constructie van Zuidelijk Afrika in de jaren 1980 bestond uit: Zuid-Afrika (93,3%), Botswana (2,5%), Namibië (2,1%), Swaziland (1,5%), Lesotho (0,57%). Het aandeel van de constructie in economie van de leiders: Botswana (6,8%), Swaziland (5,6%), Lesotho (5,4%), Zuid-Afrika (3,8%) en Namibië (3,1%). De bouw per hoofd in Zuidelijk Afrika onder de leiders: Zuid-Afrika ($88,6), Botswana ($72,0), Swaziland ($68,5), Namibië ($53,5) en Lesotho ($11,6). De groei van de constructie onder de leiders: Lesotho (8,5%), Botswana (8,0%), Zuid-Afrika (-0,28%), Swaziland (-3,5%) en Namibië (-5,9%).

de jaren 1990

De waarde van de constructie in Zuidelijk Afrika bedroeg in de jaren 1990 US$4,8 miljard per jaar, en was vergelijkbaar met Chili (US$4,7 miljard), Colombia (US$4,9 miljard). Het aandeel in de wereld was 0,30%, en 19,5% in Afrika.

Het aandeel van de constructie in de economie van Zuidelijk Afrika was 3,5% in de jaren 1990, en was vergelijkbaar met Congo-Kinshasa (3,5%).

De waarde van de constructie per hoofd in Zuidelijk Afrika was $102,6 in de jaren 1990s, en was vergelijkbaar met Wit-Rusland (US$102,1), Zuid-Afrika (US$103,4), Peru (US$100,9). De waarde van de constructie per hoofd in Zuidelijk Afrika was in 2,7 keer lager dan de constructie per hoofd van de bevolking in de wereld ($278,6), en was in 3,0 keer hoger dan de constructie per hoofd van de bevolking in Afrika ($278,6).

De groei van de constructie in Zuidelijk Afrika bedroeg -0.6% in de jaren 1990, en was vergelijkbaar met Canada (-0,55%). De groei van de constructie in Zuidelijk Afrika (-0,55%) was minder dan de groei van de constructie in de wereld (0,71%), was minder dan de groei van de constructie in Afrika (2,8%).

Vergelijking met subregio's. De waarde van de constructie in Zuidelijk Afrika was groter dan in West-Afrika (US$3,1 miljard), in Oost-Afrika (US$2,4 miljard) en in Centraal-Afrika (US$1,9 miljard); maar minder dan in Noord-Afrika (US$12,3 miljard). De sector van de constructie per hoofd in Zuidelijk Afrika was in Zuidelijk Afrika groter dan in Noord-Afrika (US$77,2), in Centraal-Afrika (US$22,8), in West-Afrika (US$15,3) en in Oost-Afrika (US$11,1). De groei van de constructie in Zuidelijk Afrika was minder dan in West-Afrika (4,8%), in Oost-Afrika (3,8%), in Noord-Afrika (3,1%) en in Centraal-Afrika (1,8%).

Leiders. De waarde van de constructie in Zuidelijk Afrika in de jaren 1990 bestond uit: Zuid-Afrika (88,1%), Botswana (6,1%), Lesotho (2,4%), Namibië (1,7%), Swaziland (1,6%). Het aandeel van de constructie in economie van de leiders: Lesotho (15,9%), Botswana (7,1%), Swaziland (4,9%), Zuid-Afrika (3,3%) en Namibië (2,6%). De sector van de constructie per hoofd in Zuidelijk Afrika onder de leiders: Botswana ($201,0), Zuid-Afrika ($103,4), Swaziland ($86,3), Lesotho ($61,5) en Namibië ($52,1). De groei van de constructie onder de leiders: Lesotho (8,8%), Swaziland (6,5%), Botswana (5,3%), Namibië (4,1%) en Zuid-Afrika (-1,3%).

de jaren 2000

De waarde van de constructie in Zuidelijk Afrika bedroeg in de jaren 2000 US$7,2 miljard per jaar, en was vergelijkbaar met Centraal-Azië (US$7,3 miljard). Het aandeel in de wereld was 0,29%, en 14,9% in Afrika.

Het aandeel van de constructie in de economie van Zuidelijk Afrika was 3,4% in de jaren 2000, en was vergelijkbaar met Jordanië (3,3%).

De waarde van de constructie per hoofd in Zuidelijk Afrika was $133,0 in de jaren 2000s, en was vergelijkbaar met Zuid-Afrika (US$134,4), Melanesië (US$129,8). De waarde van de constructie per hoofd in Zuidelijk Afrika was in 2,9 keer lager dan de constructie per hoofd van de bevolking in de wereld ($381,3), en was in 2,5 keer hoger dan de constructie per hoofd van de bevolking in Afrika ($381,3).

De groei van de constructie in Zuidelijk Afrika bedroeg 8.2% in de jaren 2000, en was vergelijkbaar met Slowakije (8,1%), Rusland (8,1%), de Seychellen (8,2%). De groei van de constructie in Zuidelijk Afrika (8,2%) was groter dan de groei van de constructie in de wereld (1,5%), was minder dan de groei van de constructie in Afrika (8,4%).

Vergelijking met subregio's. De waarde van de constructie in Zuidelijk Afrika was groter dan in Oost-Afrika (US$6,2 miljard) en in Centraal-Afrika (US$5,5 miljard); maar minder dan in Noord-Afrika (US$21,1 miljard) en in West-Afrika (US$8,6 miljard). De constructie per hoofd in Zuidelijk Afrika was in Zuidelijk Afrika groter dan in Noord-Afrika (US$111,0), in Centraal-Afrika (US$50,0), in West-Afrika

(US$32,5) en in Oost-Afrika (US$21,7). De groei van de constructie in Zuidelijk Afrika was groter dan in West-Afrika (7,7%) en in Noord-Afrika (7,1%); maar minder dan in Centraal-Afrika (13,7%) en in Oost-Afrika (9,1%).

Leiders. De waarde van de constructie in Zuidelijk Afrika in de jaren 2000 bestond uit: Zuid-Afrika (88,5%), Botswana (6,3%), Namibië (2,7%), Swaziland (1,4%), Lesotho (1,2%). Het aandeel van de constructie in economie van de leiders: Lesotho (7,0%), Botswana (5,9%), Swaziland (3,9%), Namibië (3,3%) en Zuid-Afrika (3,2%). De sector van de constructie per hoofd in Zuidelijk Afrika onder de leiders: Botswana ($254,0), Zuid-Afrika ($134,4), Namibië ($101,5), Swaziland ($98,4) en Lesotho ($41,8). De groei van de constructie onder de leiders: Zuid-Afrika (8,9%), Namibië (7,9%), Botswana (2,7%), Swaziland (-0,26%) en Lesotho (-0,54%).

de jaren 2010

De bouw van Zuidelijk Afrika bedroeg in de jaren 2010 US$14,4 miljard per jaar, en was vergelijkbaar met Denemarken (US$14,7 miljard). Het aandeel in de wereld was 0,34%, en 11,2% in Afrika.

Het aandeel van de constructie in de economie van Zuidelijk Afrika was 4,1% in de jaren 2010, en was vergelijkbaar met de Seychellen (4,1%), Malta (4,0%).

De sector van de constructie per hoofd in Zuidelijk Afrika was $229,7 in de jaren 2010s, en was vergelijkbaar met Zuid-Afrika (US$230,7). De toegevoegde waarde van de constructie per hoofd in Zuidelijk Afrika was in 2,5 keer lager dan de constructie per hoofd van de bevolking in de wereld ($572,1), en was in 2,1 keer hoger dan de constructie per hoofd van de bevolking in Afrika ($572,1).

De groei van de constructie in Zuidelijk Afrika bedroeg 1.3% in de jaren 2010, en was vergelijkbaar met Oost-Europa (1,3%), Amerika (1,3%). De groei van de constructie in Zuidelijk Afrika (1,3%) was minder dan de groei van de constructie in de wereld (2,9%), was minder dan de groei van de constructie in Afrika (5,8%).

Vergelijking met subregio's. De bouw van Zuidelijk Afrika was 3,0 keer minder dan in Noord-Afrika (US$43,4 miljard), 45,5% minder dan in West-Afrika (US$26,4 miljard), 41,0% minder dan in Oost-Afrika (US$24,3 miljard) en 25,9% minder dan in Centraal-Afrika (US$19,4 miljard). De toegevoegde waarde van de constructie per hoofd in Zuidelijk Afrika was in Zuidelijk Afrika17,1% groter dan in Noord-Afrika (US$196,1), 80,5% groter dan in Centraal-Afrika (US$127,3), 3,0 keer groter dan in West-Afrika (US$75,8) en 3,6 keer groter dan in Oost-Afrika (US$63,3). De groei van de constructie in Zuidelijk Afrika was minder dan in Oost-Afrika (11,6%), in West-Afrika (6,5%), in Noord-Afrika (5,0%) en in Centraal-Afrika (3,1%).

Leiders. De sector van de constructie in Zuidelijk Afrika in de jaren 2010 bestond uit: Zuid-Afrika (88,2%), Botswana (7,0%), Namibië (2,9%), Swaziland (0,95%), Lesotho (0,91%). Het aandeel van de constructie in economie van de leiders: Botswana (7,0%), Lesotho (6,1%), Zuid-Afrika (3,9%), Namibië (3,7%) en Swaziland (3,2%). De waarde van de constructie per hoofd in Zuidelijk Afrika onder de leiders: Botswana ($474,1), Zuid-Afrika ($230,7), Namibië ($179,9), Swaziland ($123,5) en Lesotho ($63,8). De groei van de constructie onder de leiders: Botswana (6,6%), Lesotho (2,4%), Swaziland (1,3%), Namibië (1,2%) en Zuid-Afrika (0,95%).

Hoofdstuk VII. Vervoer

Transport, opslag en communicatie (ISIC I)

De sector van het transport in Zuidelijk Afrika steeg van US$3,4 miljard per jaar in de jaren 1970 tot US$33,5 miljard per jaar in de jaren 2010, dat wil zeggen met US$30,1 miljard of 9,8 keer. De verandering vond plaats op US$17,6 miljard als gevolg van een 2,1-voudige stijging van de prijzen, en ook op US$8,3 miljard als gevolg van een 2,1-voudige toename van de productiviteit , evenals op US$4,2 miljard als gevolg van de toename van de bevolking. De gemiddelde jaarlijkse groei van het transport is 3,9%. De minimumwaarde van het transport bedroeg US$1,8 miljard in 1970. De maximumwaarde van het transport bedroeg US$37,2 miljard in 2011.

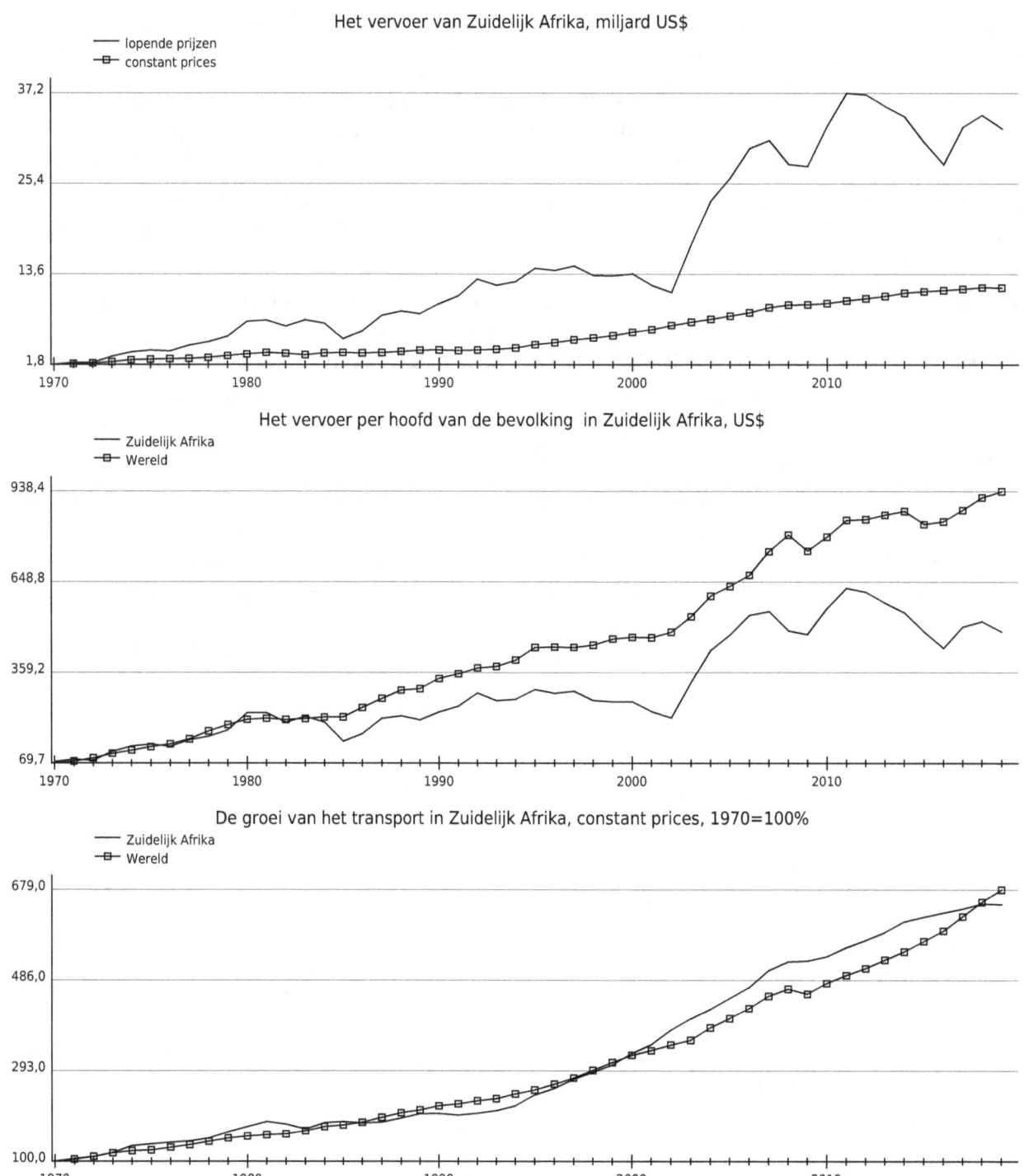

Het vervoer van Zuidelijk Afrika, miljard US$

Het vervoer per hoofd van de bevolking in Zuidelijk Afrika, US$

De groei van het transport in Zuidelijk Afrika, constant prices, 1970=100%

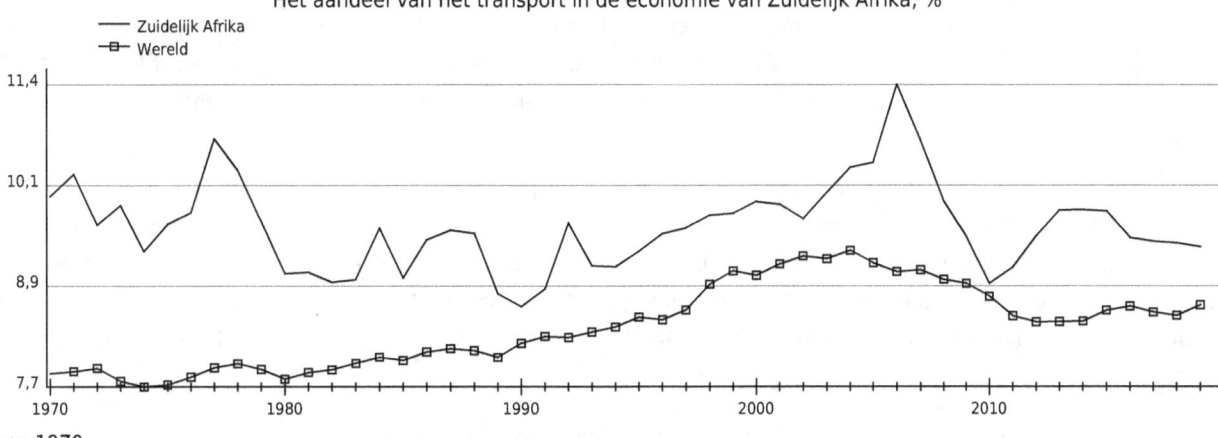

Het aandeel van het transport in de economie van Zuidelijk Afrika, %

de jaren 1970

De waarde van het transport in Zuidelijk Afrika bedroeg in de jaren 1970 US$3,4 miljard per jaar, en was vergelijkbaar met Noorwegen (US$3,5 miljard). Het aandeel in de wereld was 0,69%, en 14,9% in Afrika.

Het aandeel van het transport in de economie van Zuidelijk Afrika was 9,9% in de jaren 1970, en was vergelijkbaar met de Verenigde Staten (9,9%), Cuba (9,9%), Djibouti (9,9%).

De sector van het transport per hoofd in Zuidelijk Afrika was $121,2 in de jaren 1970s, en was vergelijkbaar met de Wereld (US$122,3), Puerto Rico (US$119,1), Joegoslavië (US$118,4). De toegevoegde waarde van het transport per hoofd in Zuidelijk Afrika was 0,89% lager dan het transport per hoofd van de bevolking in de wereld ($122,3), en was in 2,2 keer hoger dan het transport per hoofd van de bevolking in Afrika ($122,3).

De groei van het transport in Zuidelijk Afrika bedroeg 5.5% in de jaren 1970, en was vergelijkbaar met de Caraïben (5,5%), Zuid-Afrika (5,6%), Dominica (5,6%). De groei van het transport in Zuidelijk Afrika (5,5%) was groter dan de groei van het transport in de wereld (4,6%), was minder dan de groei van het transport in Afrika (6,8%).

Vergelijking met subregio's. Het vervoer van Zuidelijk Afrika was groter dan in Noord-Afrika (US$3,1 miljard), in Oost-Afrika (US$2,1 miljard) en in Centraal-Afrika (US$1,7 miljard); maar minder dan in West-Afrika (US$12,7 miljard). De toegevoegde waarde van het transport per hoofd in Zuidelijk Afrika was in Zuidelijk Afrika groter dan in West-Afrika (US$106,1), in Centraal-Afrika (US$36,4), in Noord-Afrika (US$31,8) en in Oost-Afrika (US$17,6). De groei van het transport in Zuidelijk Afrika was groter dan in Oost-Afrika (2,5%) en in Centraal-Afrika (1,3%); maar minder dan in Noord-Afrika (10,7%) en in West-Afrika (7,8%).

Leiders. Het vervoer van Zuidelijk Afrika in de jaren 1970 bestond uit: Zuid-Afrika (97,2%), Namibië (1,7%), Swaziland (0,54%), Botswana (0,32%), Lesotho (0,25%). Het aandeel van het transport in economie van de leiders: Zuid-Afrika (10,2%), Lesotho (6,4%), Namibië (5,9%), Swaziland (5,1%) en Botswana (4,4%). De waarde van het transport per hoofd in Zuidelijk Afrika onder de leiders: Zuid-Afrika ($133,5), Namibië ($62,3), Swaziland ($37,2), Botswana ($14,7) en Lesotho ($7,6). De groei van het transport onder de leiders: Botswana (12,6%), Lesotho (7,3%), Swaziland (5,9%), Zuid-Afrika (5,6%) en Namibië (2,9%).

de jaren 1980

De sector van het transport in Zuidelijk Afrika bedroeg in de jaren 1980 US$7,4 miljard per jaar, en was vergelijkbaar met Oostenrijk (US$7,4 miljard), Noorwegen (US$7,2 miljard). Het aandeel in de wereld was 0,63%, en 15,1% in Afrika.

Het aandeel van het transport in de economie van Zuidelijk Afrika was 9,2% in de jaren 1980, en was vergelijkbaar met Hongkong (9,2%), Ghana (9,1%).

Het vervoer per hoofd in Zuidelijk Afrika was $201,2 in de jaren 1980s, en was vergelijkbaar met Mexico (US$203,0), Hongarije (US$197,2). De toegevoegde waarde van het transport per hoofd in Zuidelijk Afrika was 16,9% lager dan het transport per hoofd van de bevolking in de wereld ($242,0), en was in 2,2 keer hoger dan het transport per hoofd van de bevolking in Afrika ($242,0).

De groei van het transport in Zuidelijk Afrika bedroeg 2.2% in de jaren 1980, en was vergelijkbaar met Uruguay (2,2%). De groei van het transport in Zuidelijk Afrika (2,2%) was minder dan de groei van het transport in de wereld (3,4%), was groter dan de groei van het transport in Afrika (-0,23%).

Vergelijking met subregio's. De toegevoegde waarde van het transport in Zuidelijk Afrika was groter dan in Oost-Afrika (US$3,9 miljard) en in Centraal-Afrika (US$3,4 miljard); maar minder dan in West-Afrika (US$25,3 miljard) en in Noord-Afrika (US$9,0 miljard). Het vervoer per hoofd in Zuidelijk Afrika was in Zuidelijk Afrika groter dan in West-Afrika (US$161,7), in Noord-Afrika (US$71,3), in Centraal-Afrika (US$56,4) en in Oost-Afrika (US$23,9). De groei van het transport in Zuidelijk Afrika was groter dan in Centraal-Afrika (2,1%) en in West-Afrika (-4,0%); maar minder dan in Noord-Afrika (4,8%) en in Oost-Afrika (3,1%).

Leiders. De toegevoegde waarde van het transport in Zuidelijk Afrika in de jaren 1980 bestond uit: Zuid-Afrika (97,0%), Namibië (1,8%), Swaziland (0,54%), Botswana (0,44%), Lesotho (0,21%). Het aandeel van het transport in economie van de leiders: Zuid-Afrika (9,4%), Namibië (6,5%), Lesotho (4,8%), Swaziland (4,8%) en Botswana (2,9%). De toegevoegde waarde van het transport per hoofd in Zuidelijk Afrika onder de leiders: Zuid-Afrika ($222,1), Namibië ($110,8), Swaziland ($58,3), Botswana ($30,7) en Lesotho ($10,3). De groei van het transport onder de leiders: Botswana (23,5%), Swaziland (4,2%), Lesotho (3,7%), Namibië (3,4%) en Zuid-Afrika (2,1%).

de jaren 1990

De sector van het transport in Zuidelijk Afrika bedroeg in de jaren 1990 US$12,9 miljard per jaar, en was vergelijkbaar met Indonesië (US$13,0 miljard). Het aandeel in de wereld was 0,55%, en 28,7% in Afrika.

Het aandeel van het transport in de economie van Zuidelijk Afrika was 9,4% in de jaren 1990, en was vergelijkbaar met Oost-Europa (9,4%), Oceanië (9,4%), Australië (9,3%).

Het vervoer per hoofd in Zuidelijk Afrika was $275,5 in de jaren 1990s. De sector van het transport per hoofd in Zuidelijk Afrika was 32,7% lager dan het transport per hoofd van de bevolking in de wereld ($409,5), en was in 4,4 keer hoger dan het transport per hoofd van de bevolking in Afrika ($409,5).

De groei van het transport in Zuidelijk Afrika bedroeg 4.2% in de jaren 1990, en was vergelijkbaar met Israël (4,2%), Suriname (4,2%), Melanesië (4,2%). De groei van het transport in Zuidelijk Afrika (4,2%) was groter dan de groei van het transport in de wereld (4,0%), was groter dan de groei van het transport in Afrika (3,3%).

Vergelijking met subregio's. De sector van het transport in Zuidelijk Afrika was groter dan in West-Afrika (US$6,4 miljard), in Oost-Afrika (US$4,9 miljard) en in Centraal-Afrika (US$3,6 miljard); maar minder dan in Noord-Afrika (US$16,9 miljard). Het vervoer per hoofd in Zuidelijk Afrika was in Zuidelijk Afrika groter dan in Noord-Afrika (US$105,8), in Centraal-Afrika (US$43,7), in West-Afrika (US$31,6) en in Oost-Afrika (US$22,9). De groei van het transport in Zuidelijk Afrika was groter dan in Oost-Afrika (4,2%), in Noord-Afrika (3,9%), in West-Afrika (2,9%) en in Centraal-Afrika (-0,72%).

Leiders. De toegevoegde waarde van het transport in Zuidelijk Afrika in de jaren 1990 bestond uit: Zuid-Afrika (96,4%), Namibië (1,6%), Botswana (1,2%), Swaziland (0,51%), Lesotho (0,28%). Het aandeel van het transport in economie van de leiders: Zuid-Afrika (9,7%), Namibië (6,4%), Lesotho (4,9%), Swaziland (4,0%) en Botswana (3,7%). De toegevoegde waarde van het transport per hoofd in Zuidelijk Afrika onder de leiders: Zuid-Afrika ($303,7), Namibië ($129,9), Botswana ($105,1), Swaziland ($71,0) en Lesotho ($19,1). De groei van het transport onder de leiders: Botswana (11,3%), Namibië (6,0%), Lesotho (5,6%), Zuid-Afrika (4,1%) en Swaziland (3,9%).

de jaren 2000

De waarde van het transport in Zuidelijk Afrika bedroeg in de jaren 2000 US$22,1 miljard per jaar. Het aandeel in de wereld was 0,55%, en 24,5% in Afrika.

Het aandeel van het transport in de economie van Zuidelijk Afrika was 10,3% in de jaren 2000, en was vergelijkbaar met Soedan (10,3%), Oost-Europa (10,3%), België (10,2%).

Het transport per hoofd in Zuidelijk Afrika was $405,7 in de jaren 2000s, en was vergelijkbaar met Kaapverdië (US$406,7), Venezuela (US$404,7), Montenegro (US$408,5). Het transport per hoofd in Zuidelijk Afrika was 34,7% lager dan het transport per hoofd van de bevolking in de wereld ($621,1), en was in 4,1 keer hoger dan het transport per hoofd van de bevolking in Afrika ($621,1).

De groei van het transport in Zuidelijk Afrika bedroeg 5.6% in de jaren 2000, en was vergelijkbaar met Liberia (5,6%), Botswana (5,6%), Guyana (5,6%). De groei van het transport in Zuidelijk Afrika (5,6%) was groter dan de groei van het transport in de wereld (3,9%), was minder dan de groei van het transport in Afrika (7,8%).

Vergelijking met subregio's. De waarde van het transport in Zuidelijk Afrika was groter dan in West-Afrika (US$19,3 miljard), in Oost-Afrika (US$9,9 miljard) en in Centraal-Afrika (US$6,1 miljard); maar minder dan in Noord-Afrika (US$32,6 miljard). De waarde van het transport per hoofd in Zuidelijk Afrika was in Zuidelijk Afrika groter dan in Noord-Afrika (US$171,1), in West-Afrika (US$72,9), in Centraal-Afrika (US$55,3) en in Oost-Afrika (US$34,8). De groei van het transport in Zuidelijk Afrika was minder dan in West-Afrika (8,9%), in Noord-Afrika (7,9%), in Oost-Afrika (7,5%) en in Centraal-Afrika (7,0%).

Leiders. De sector van het transport in Zuidelijk Afrika in de jaren 2000 bestond uit: Zuid-Afrika (96,0%), Namibië (1,6%), Botswana (1,5%), Swaziland (0,56%), Lesotho (0,30%). Het aandeel van het transport in economie van de leiders: Zuid-Afrika (10,7%), Namibië (5,9%), Lesotho (5,6%), Swaziland (4,8%) en Botswana (4,3%). De sector van het transport per hoofd in Zuidelijk Afrika onder de leiders: Zuid-Afrika ($445,0), Botswana ($186,5), Namibië ($180,2), Swaziland ($119,8) en Lesotho ($33,5). De groei van het transport onder de leiders: Namibië (12,2%), Lesotho (8,7%), Botswana (5,6%), Zuid-Afrika (5,5%) en Swaziland (4,8%).

de jaren 2010

De sector van het transport in Zuidelijk Afrika bedroeg in de jaren 2010 US$33,5 miljard per jaar, en was vergelijkbaar met Israël (US$33,7 miljard), Oostenrijk (US$34,0 miljard), Thailand (US$33,0 miljard). Het aandeel in de wereld was 0,53%, en 16,5% in Afrika.

Het aandeel van het transport in de economie van Zuidelijk Afrika was 9,5% in de jaren 2010, en was vergelijkbaar met Syrië (9,5%), Algerije (9,5%), Bosnië en Herzegovina (9,5%).

De toegevoegde waarde van het transport per hoofd in Zuidelijk Afrika was $536,4 in de jaren 2010s, en was vergelijkbaar met Colombia (US$533,3), Peru (US$525,0). De sector van het transport per hoofd in Zuidelijk Afrika was 38,0% lager dan het transport per hoofd van de bevolking in de wereld ($864,8), en was in 3,1 keer hoger dan het transport per hoofd van de bevolking in Afrika ($864,8).

De groei van het transport in Zuidelijk Afrika bedroeg 2.1% in de jaren 2010, en was vergelijkbaar met Brazilië (2,1%), Noorwegen (2,1%). De groei van het transport in Zuidelijk Afrika (2,1%) was minder dan de groei van het transport in de wereld (4,0%), was minder dan de groei van het transport in Afrika (3,8%).

Vergelijking met subregio's. Het transport van Zuidelijk Afrika was 37,0% groter dan in Oost-Afrika (US$24,5 miljard) en 2,3 keer groter dan in Centraal-Afrika (US$14,6 miljard); maar 2,1 keer minder dan in West-Afrika (US$70,0 miljard) en 44,4% minder dan in Noord-Afrika (US$60,3 miljard). De toegevoegde waarde van het transport per hoofd in Zuidelijk Afrika was in Zuidelijk Afrika96,9% groter dan in Noord-Afrika (US$272,4), 2,7 keer groter dan in West-Afrika (US$201,2), 5,6 keer groter dan in Centraal-Afrika (US$95,8) en 8,4 keer groter dan in Oost-Afrika (US$63,7). De groei van het transport in Zuidelijk Afrika was minder dan in Oost-Afrika (7,6%), in Centraal-Afrika (5,1%), in Noord-Afrika (4,2%) en in West-Afrika (2,9%).

Leiders. Het vervoer van Zuidelijk Afrika in de jaren 2010 bestond uit: Zuid-Afrika (94,6%), Botswana (2,7%), Namibië (1,7%), Swaziland (0,62%), Lesotho (0,39%). Het aandeel van het transport in economie van de leiders: Zuid-Afrika (9,8%), Botswana (6,2%), Lesotho (6,0%), Namibië (5,1%) en Swaziland (4,8%). De toegevoegde waarde van het transport per hoofd in Zuidelijk Afrika onder de leiders: Zuid-Afrika ($577,5), Botswana ($420,9), Namibië ($252,2), Swaziland ($187,3) en Lesotho ($62,9). De groei van het transport onder de leiders: Botswana (6,8%), Lesotho (6,6%), Namibië (4,8%), Swaziland (3,9%) en Zuid-Afrika (1,9%).

Hoofdstuk VIII. Handel

Groothandel, detailhandel, restaurants en hotels (ISIC G-H)

De toegevoegde waarde van de handel in Zuidelijk Afrika steeg van US$4,6 miljard per jaar in de jaren 1970 tot US$53,4 miljard per jaar in de jaren 2010, dat wil zeggen met US$48,8 miljard of 11,6 keer. De verandering vond plaats op US$39,2 miljard als gevolg van een 3,8-voudige stijging van de prijzen, en ook op US$4,0 miljard als gevolg van een 1,4-voudige toename van de productiviteit , evenals op US$5,6 miljard als gevolg van de toename van de bevolking. De gemiddelde jaarlijkse groei van de handel is 2,9%. De minimumwaarde van de handel bedroeg US$2,7 miljard in 1970. De maximumwaarde van de handel bedroeg US$60,7 miljard in 2011.

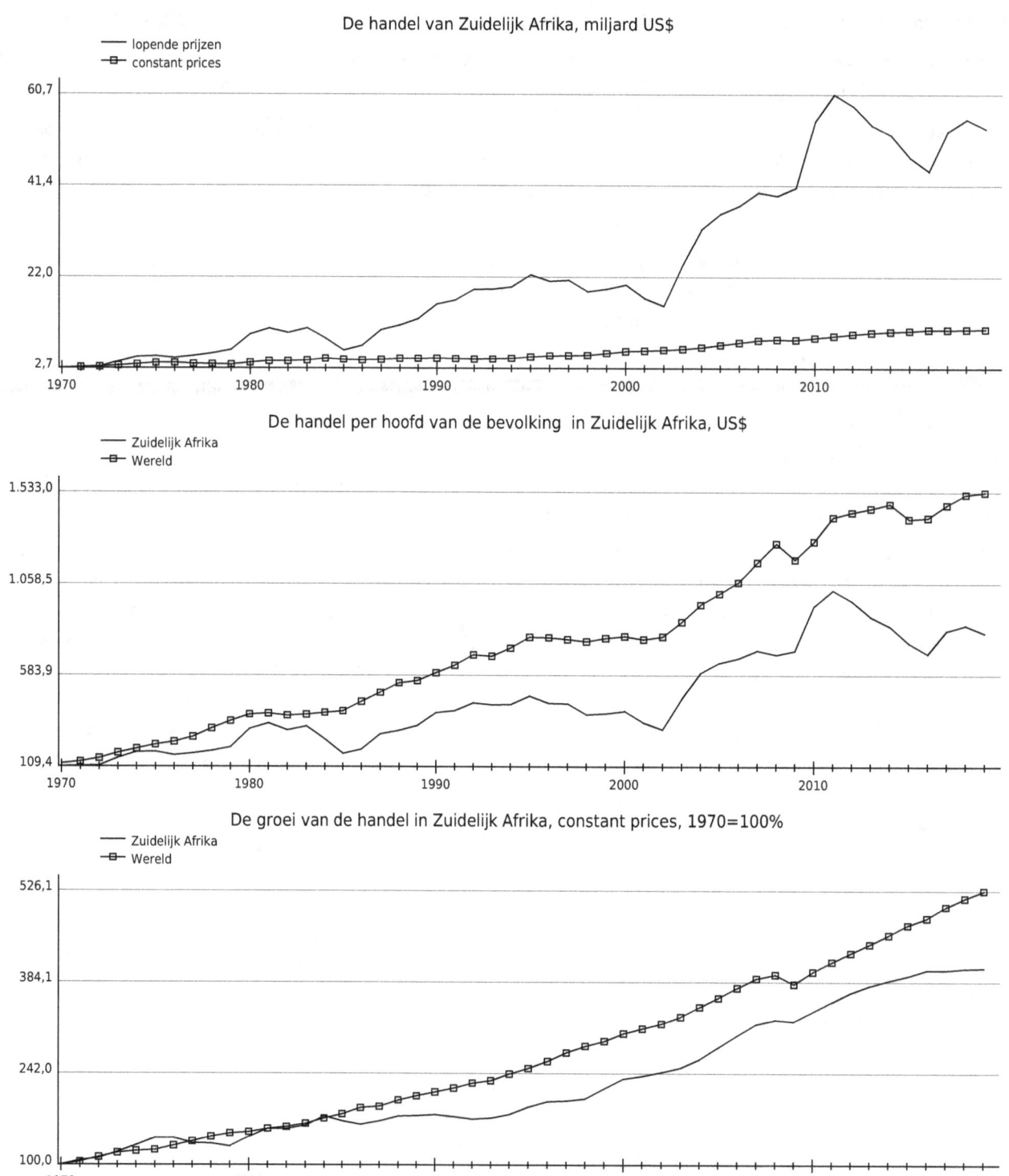

De handel van Zuidelijk Afrika, miljard US$

De handel per hoofd van de bevolking in Zuidelijk Afrika, US$

De groei van de handel in Zuidelijk Afrika, constant prices, 1970=100%

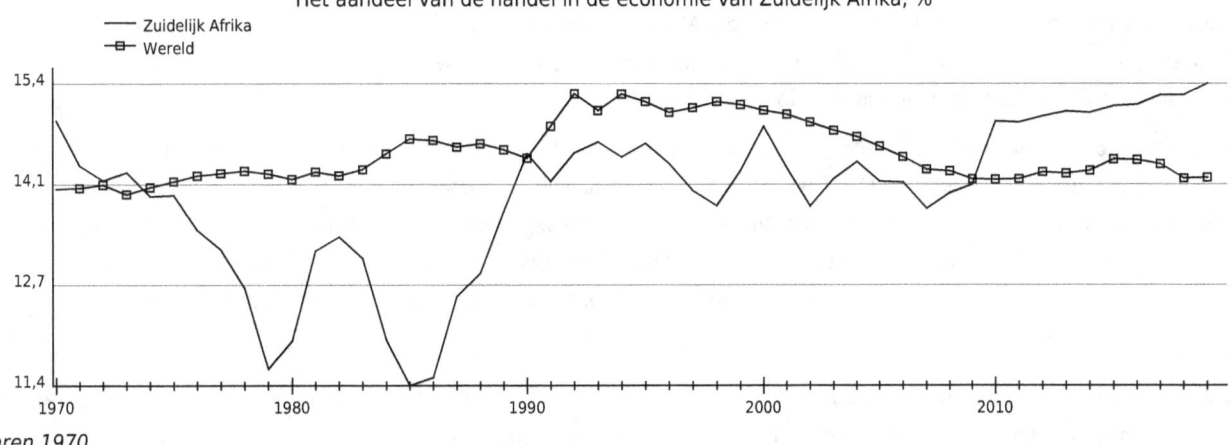

Het aandeel van de handel in de economie van Zuidelijk Afrika, %

de jaren 1970

De handel van Zuidelijk Afrika bedroeg in de jaren 1970 US$4,6 miljard per jaar, en was vergelijkbaar met Polen (US$4,6 miljard). Het aandeel in de wereld was 0,52%, en 15,2% in Afrika.

Het aandeel van de handel in de economie van Zuidelijk Afrika was 13,4% in de jaren 1970, en was vergelijkbaar met Brazilië (13,4%), Paraguay (13,4%), het Verenigd Koninkrijk (13,3%).

De waarde van de handel per hoofd in Zuidelijk Afrika was $163,1 in de jaren 1970s, en was vergelijkbaar met Zimbabwe (US$164,4), Tsjecho-Slowakije (US$159,4). De handel per hoofd in Zuidelijk Afrika was 26,2% lager dan de handel per hoofd van de bevolking in de wereld ($221,0), en was in 2,2 keer hoger dan de handel per hoofd van de bevolking in Afrika ($221,0).

De groei van de handel in Zuidelijk Afrika bedroeg 2.8% in de jaren 1970, en was vergelijkbaar met Uruguay (2,8%). De groei van de handel in Zuidelijk Afrika (2,8%) was minder dan de groei van de handel in de wereld (4,5%), was minder dan de groei van de handel in Afrika (4,6%).

Vergelijking met subregio's. De toegevoegde waarde van de handel in Zuidelijk Afrika was groter dan in Oost-Afrika (US$4,1 miljard) en in Centraal-Afrika (US$3,3 miljard); maar minder dan in West-Afrika (US$11,6 miljard) en in Noord-Afrika (US$6,7 miljard). De handel per hoofd in Zuidelijk Afrika was in Zuidelijk Afrika groter dan in West-Afrika (US$97,4), in Centraal-Afrika (US$71,7), in Noord-Afrika (US$69,8) en in Oost-Afrika (US$33,7). De groei van de handel in Zuidelijk Afrika was groter dan in Oost-Afrika (2,3%) en in Centraal-Afrika (1,8%); maar minder dan in Noord-Afrika (7,7%) en in West-Afrika (5,4%).

Leiders. De waarde van de handel in Zuidelijk Afrika in de jaren 1970 bestond uit: Zuid-Afrika (95,5%), Namibië (1,9%), Swaziland (1,6%), Lesotho (0,50%), Botswana (0,48%). Het aandeel van de handel in economie van de leiders: Swaziland (20,3%), Lesotho (17,1%), Zuid-Afrika (13,4%), Namibië (9,1%) en Botswana (9,0%). De toegevoegde waarde van de handel per hoofd in Zuidelijk Afrika onder de leiders: Zuid-Afrika ($176,4), Swaziland ($146,7), Namibië ($96,0), Botswana ($30,3) en Lesotho ($20,1). De groei van de handel onder de leiders: Botswana (16,3%), Lesotho (7,3%), Swaziland (4,0%), Namibië (3,3%) en Zuid-Afrika (2,7%).

de jaren 1980

De waarde van de handel in Zuidelijk Afrika bedroeg in de jaren 1980 US$10,2 miljard per jaar, en was vergelijkbaar met Denemarken (US$10,3 miljard). Het aandeel in de wereld was 0,48%, en 15,4% in Afrika.

Het aandeel van de handel in de economie van Zuidelijk Afrika was 12,7% in de jaren 1980, en was vergelijkbaar met de Sovjet-Unie (12,7%), Ecuador (12,6%), Zuid-Afrika (12,8%).

De toegevoegde waarde van de handel per hoofd in Zuidelijk Afrika was $277,1 in de jaren 1980s, en was vergelijkbaar met Zimbabwe (US$271,9). De toegevoegde waarde van de handel per hoofd in Zuidelijk Afrika was 36,7% lager dan de handel per hoofd van de bevolking in de wereld ($437,7), en was in 2,3 keer hoger dan de handel per hoofd van de bevolking in Afrika ($437,7).

De groei van de handel in Zuidelijk Afrika bedroeg 3.2% in de jaren 1980, en was vergelijkbaar met Equatoriaal-Guinea (3,2%), Fiji (3,2%), Zuid-Afrika (3,2%). De groei van de handel in Zuidelijk Afrika (3,2%) was minder dan de groei van de handel in de wereld (3,3%), was groter dan de groei van de handel in Afrika (2,7%).

Vergelijking met subregio's. De handel van Zuidelijk Afrika was groter dan in Oost-Afrika (US$8,2 miljard) en in Centraal-Afrika (US$5,4 miljard); maar minder dan in West-Afrika (US$23,7 miljard) en in Noord-Afrika (US$18,5 miljard). De sector van de handel per hoofd in Zuidelijk Afrika was in Zuidelijk Afrika groter dan in West-Afrika (US$151,9), in Noord-Afrika (US$146,4), in Centraal-Afrika (US$90,2) en in Oost-Afrika (US$50,4). De groei van de handel in Zuidelijk Afrika was groter dan in Centraal-Afrika (2,8%), in Oost-Afrika (2,8%) en in West-Afrika (0,47%); maar minder dan in Noord-Afrika (4,9%).

Leiders. De sector van de handel in Zuidelijk Afrika in de jaren 1980 bestond uit: Zuid-Afrika (95,5%), Namibië (1,8%), Swaziland (1,5%), Botswana (0,84%), Lesotho (0,41%). Het aandeel van de handel in economie van de leiders: Swaziland (18,0%), Lesotho (12,9%), Zuid-Afrika (12,8%), Namibië (8,7%) en Botswana (7,7%). De sector van de handel per hoofd Zuidelijk Afrika onder de leiders: Zuid-Afrika ($301,1), Swaziland ($219,8), Namibië ($149,1), Botswana ($81,0) en Lesotho ($27,5). De groei van de handel onder de leiders: Swaziland (4,4%), Lesotho (3,7%), Zuid-Afrika (3,2%), Botswana (3,0%) en Namibië (1,8%).

de jaren 1990

De toegevoegde waarde van de handel in Zuidelijk Afrika bedroeg in de jaren 1990 US$19,6 miljard per jaar, en was vergelijkbaar met Iran (US$20,0 miljard). Het aandeel in de wereld was 0,48%, en 23,0% in Afrika.

Het aandeel van de handel in de economie van Zuidelijk Afrika was 14,3% in de jaren 1990, en was vergelijkbaar met Palestina (14,2%), Oeganda (14,2%), Congo (14,2%).

De sector van de handel per hoofd in Zuidelijk Afrika was $420,4 in de jaren 1990s, en was vergelijkbaar met Hongarije (US$416,1), Gabon (US$427,7). De waarde van de handel per hoofd in Zuidelijk Afrika was 41,8% lager dan de handel per hoofd van de bevolking in de wereld ($721,8), en was in 3,5 keer hoger dan de handel per hoofd van de bevolking in Afrika ($721,8).

De groei van de handel in Zuidelijk Afrika bedroeg 2.1% in de jaren 1990, en was vergelijkbaar met Jamaica (2,1%). De groei van de handel in Zuidelijk Afrika (2,1%) was minder dan de groei van de handel in de wereld (3,5%), was minder dan de groei van de handel in Afrika (2,8%).

Vergelijking met subregio's. De toegevoegde waarde van de handel in Zuidelijk Afrika was groter dan in West-Afrika (US$18,5 miljard), in Oost-Afrika (US$10,8 miljard) en in Centraal-Afrika (US$6,0 miljard); maar minder dan in Noord-Afrika (US$30,2 miljard). De handel per hoofd in Zuidelijk Afrika was in Zuidelijk Afrika groter dan in Noord-Afrika (US$189,4), in West-Afrika (US$91,1), in Centraal-Afrika (US$73,5) en in Oost-Afrika (US$50,0). De groei van de handel in Zuidelijk Afrika was groter dan in Centraal-Afrika (-1,3%); maar minder dan in Noord-Afrika (4,3%), in Oost-Afrika (3,9%) en in West-Afrika (2,5%).

Leiders. De waarde van de handel in Zuidelijk Afrika in de jaren 1990 bestond uit: Zuid-Afrika (94,5%), Botswana (2,0%), Namibië (1,6%), Swaziland (1,5%), Lesotho (0,46%). Het aandeel van de handel in economie van de leiders: Swaziland (17,9%), Zuid-Afrika (14,5%), Lesotho (12,4%), Namibië (9,6%) en Botswana (9,6%). De sector van de handel per hoofd in Zuidelijk Afrika onder de leiders: Zuid-Afrika ($454,0), Swaziland ($314,9), Botswana ($272,0), Namibië ($196,1) en Lesotho ($48,0). De groei van de handel onder de leiders: Botswana (13,4%), Swaziland (5,2%), Lesotho (4,9%), Namibië (4,9%) en Zuid-Afrika (1,8%).

de jaren 2000

De waarde van de handel in Zuidelijk Afrika bedroeg in de jaren 2000 US$30,3 miljard per jaar, en was vergelijkbaar met Nigeria (US$30,2 miljard), Portugal (US$30,0 miljard), Denemarken (US$29,8 miljard). Het aandeel in de wereld was 0,47%, en 20,4% in Afrika.

Het aandeel van de handel in de economie van Zuidelijk Afrika was 14,1% in de jaren 2000, en was vergelijkbaar met Azië (14,1%), Ecuador (14,1%), Zuid-Afrika (14,1%).

De handel per hoofd in Zuidelijk Afrika was $557,8 in de jaren 2000s. De sector van de handel per hoofd in Zuidelijk Afrika was 43,7% lager dan de handel per hoofd van de bevolking in de wereld ($990,3), en was in 3,4 keer hoger dan de handel per hoofd van de bevolking in Afrika ($990,3).

De groei van de handel in Zuidelijk Afrika bedroeg 4% in de jaren 2000, en was vergelijkbaar met Nieuw-Caledonië (4,0%), Mauritius (4,0%). De groei van de handel in Zuidelijk Afrika (4,0%) was groter dan de groei van de handel in de wereld (2,7%), was minder dan de groei van de handel in Afrika (5,9%).

Vergelijking met subregio's. De toegevoegde waarde van de handel in Zuidelijk Afrika was groter dan in Oost-Afrika (US$17,0 miljard) en in Centraal-Afrika (US$13,0 miljard); maar minder dan in Noord-Afrika (US$45,8 miljard) en in West-Afrika (US$42,6 miljard). De handel per hoofd in Zuidelijk Afrika was in Zuidelijk Afrika groter dan in Noord-Afrika (US$240,7), in West-Afrika (US$160,4), in Centraal-Afrika (US$116,9) en in Oost-Afrika (US$59,5). De groei van de handel in Zuidelijk Afrika was minder dan in West-Afrika

(8,0%), in Centraal-Afrika (7,8%), in Oost-Afrika (5,6%) en in Noord-Afrika (4,5%).

Leiders. De toegevoegde waarde van de handel in Zuidelijk Afrika in de jaren 2000 bestond uit: Zuid-Afrika (92,1%), Botswana (3,5%), Namibië (2,6%), Swaziland (1,3%), Lesotho (0,50%). Het aandeel van de handel in economie van de leiders: Swaziland (15,6%), Zuid-Afrika (14,1%), Botswana (13,7%), Namibië (13,5%) en Lesotho (12,5%). De toegevoegde waarde van de handel per hoofd in Zuidelijk Afrika onder de leiders: Botswana ($588,5), Zuid-Afrika ($586,4), Namibië ($413,7), Swaziland ($391,6) en Lesotho ($74,9). De groei van de handel onder de leiders: Namibië (6,1%), Botswana (5,9%), Zuid-Afrika (3,9%), Lesotho (3,4%) en Swaziland (1,3%).

de jaren 2010

De sector van de handel in Zuidelijk Afrika bedroeg in de jaren 2010 US$53,4 miljard per jaar. Het aandeel in de wereld was 0,51%, en 15,7% in Afrika.

Het aandeel van de handel in de economie van Zuidelijk Afrika was 15,1% in de jaren 2010, en was vergelijkbaar met Macau (15,1%), Oost-Afrika (15,1%), Servië (15,0%).

De waarde van de handel per hoofd in Zuidelijk Afrika was $853,8 in de jaren 2010s, en was vergelijkbaar met China (US$851,7), Zuid-Afrika (US$875,4). De handel per hoofd in Zuidelijk Afrika was 40,6% lager dan de handel per hoofd van de bevolking in de wereld ($1.436,8), en was in 2,9 keer hoger dan de handel per hoofd van de bevolking in Afrika ($1.436,8).

De groei van de handel in Zuidelijk Afrika bedroeg 2.3% in de jaren 2010, en was vergelijkbaar met Portugal (2,3%), Kaapverdië (2,3%), Saint Lucia (2,3%). De groei van de handel in Zuidelijk Afrika (2,3%) was minder dan de groei van de handel in de wereld (3,3%), was minder dan de groei van de handel in Afrika (3,4%).

Vergelijking met subregio's. De handel van Zuidelijk Afrika was 21,3% groter dan in Oost-Afrika (US$44,0 miljard) en 39,1% groter dan in Centraal-Afrika (US$38,4 miljard); maar 2,0 keer minder dan in West-Afrika (US$109,3 miljard) en 44,3% minder dan in Noord-Afrika (US$95,7 miljard). De sector van de handel per hoofd in Zuidelijk Afrika was in Zuidelijk Afrika97,4% groter dan in Noord-Afrika (US$432,5), 2,7 keer groter dan in West-Afrika (US$314,3), 3,4 keer groter dan in Centraal-Afrika (US$251,9) en 7,5 keer groter dan in Oost-Afrika (US$114,5). De groei van de handel in Zuidelijk Afrika was minder dan in Oost-Afrika (6,7%), in Noord-Afrika (3,2%), in West-Afrika (3,1%) en in Centraal-Afrika (2,9%).

Leiders. De waarde van de handel in Zuidelijk Afrika in de jaren 2010 bestond uit: Zuid-Afrika (90,1%), Botswana (5,2%), Namibië (2,9%), Swaziland (1,3%), Lesotho (0,56%). Het aandeel van de handel in economie van de leiders: Botswana (19,3%), Swaziland (15,7%), Zuid-Afrika (14,9%), Lesotho (13,9%) en Namibië (13,8%). De waarde van de handel per hoofd in Zuidelijk Afrika onder de leiders: Botswana ($1.299,4), Zuid-Afrika ($875,4), Namibië ($677,7), Swaziland ($608,7) en Lesotho ($146,0). De groei van de handel onder de leiders: Botswana (8,1%), Namibië (3,7%), Lesotho (2,8%), Zuid-Afrika (2,0%) en Swaziland (1,4%).

Hoofdstuk IX. Diensten

(ISIC J-P)

De waarde van de diensten in Zuidelijk Afrika steeg van US$9,9 miljard per jaar in de jaren 1970 tot US$152,0 miljard per jaar in de jaren 2010, dat wil zeggen met US$142,0 miljard of 15,3 keer. De verandering vond plaats op US$117,0 miljard als gevolg van een 4,3-voudige stijging van de prijzen, en ook op US$13,0 miljard als gevolg van een 1,6-voudige toename van de productiviteit , evenals op US$12,1 miljard als gevolg van de toename van de bevolking. De gemiddelde jaarlijkse groei van de diensten is 3,2%. De minimumwaarde van de diensten bedroeg US$5,5 miljard in 1970. De maximumwaarde van de diensten bedroeg US$174,6 miljard in 2011.

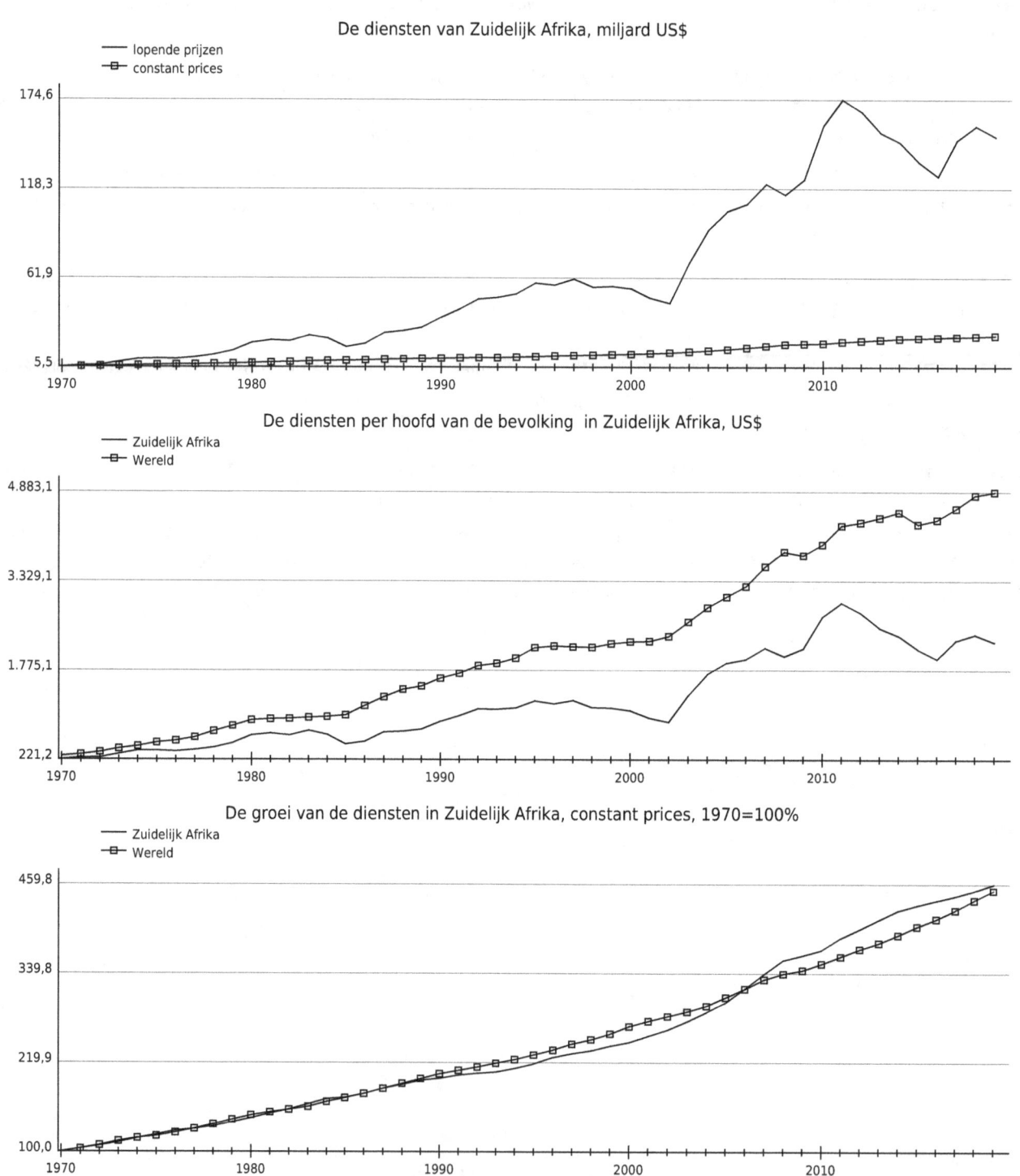

De diensten van Zuidelijk Afrika, miljard US$

De diensten per hoofd van de bevolking in Zuidelijk Afrika, US$

De groei van de diensten in Zuidelijk Afrika, constant prices, 1970=100%

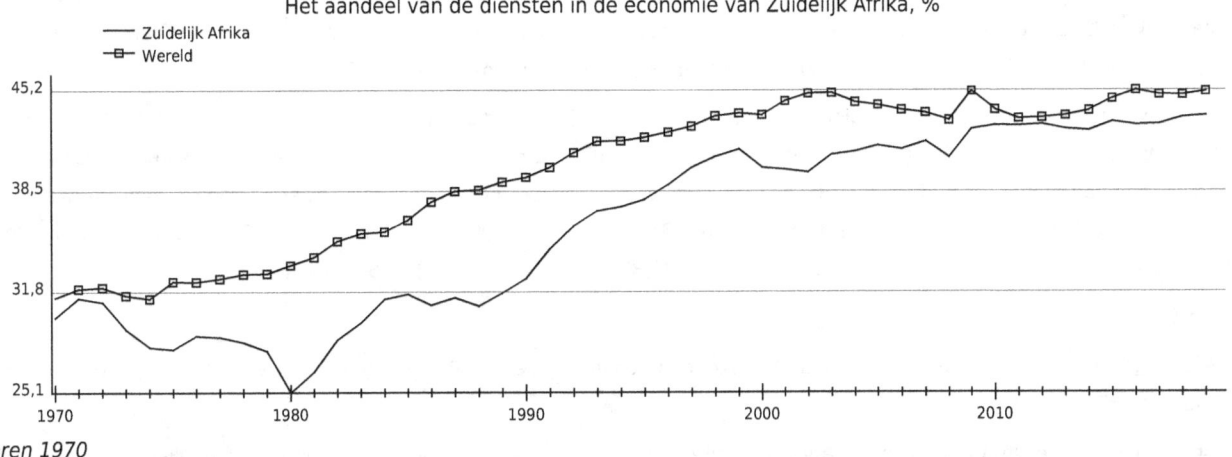

Het aandeel van de diensten in de economie van Zuidelijk Afrika, %

de jaren 1970

De diensten van Zuidelijk Afrika bedroegen in de jaren 1970 US$9,9 miljard per jaar, en waren vergelijkbaar met Tsjecho-Slowakije (US$9,9 miljard), Oostenrijk (US$10,0 miljard). Het aandeel in de wereld was 0,49%, en 15,5% in Afrika.

Het aandeel van de diensten in de economie van Zuidelijk Afrika was 28,9% in de jaren 1970, en was vergelijkbaar met Zuid-Afrika (28,8%), Papoea-Nieuw-Guinea (28,8%), Oostenrijk (28,8%).

De toegevoegde waarde van de diensten per hoofd in Zuidelijk Afrika was $352,6 in de jaren 1970s, en was vergelijkbaar met Nigeria (US$354,0), Montserrat (US$356,6). De sector van de diensten per hoofd in Zuidelijk Afrika was 30,4% lager dan de diensten per hoofd van de bevolking in de wereld ($506,9), en was in 2,3 keer hoger dan de diensten per hoofd van de bevolking in Afrika ($506,9).

De groei van de diensten in Zuidelijk Afrika bedroeg 3.8% in de jaren 1970, en was vergelijkbaar met Europa (3,7%), Rwanda (3,8%), Andorra (3,8%). De groei van de diensten in Zuidelijk Afrika (3,8%) was minder dan de groei van de diensten in de wereld (4,1%), was minder dan de groei van de diensten in Afrika (5,5%).

Vergelijking met subregio's. De toegevoegde waarde van de diensten in Zuidelijk Afrika was groter dan in Oost-Afrika (US$7,7 miljard) en in Centraal-Afrika (US$5,6 miljard); maar minder dan in West-Afrika (US$26,4 miljard) en in Noord-Afrika (US$14,4 miljard). De waarde van de diensten per hoofd in Zuidelijk Afrika was in Zuidelijk Afrika groter dan in West-Afrika (US$221,4), in Noord-Afrika (US$149,1), in Centraal-Afrika (US$122,2) en in Oost-Afrika (US$63,9). De groei van de diensten in Zuidelijk Afrika was groter dan in Centraal-Afrika (1,2%); maar minder dan in West-Afrika (9,3%), in Noord-Afrika (8,6%) en in Oost-Afrika (5,1%).

Leiders. De waarde van de diensten in Zuidelijk Afrika in de jaren 1970 bestond uit: Zuid-Afrika (94,8%), Namibië (3,0%), Swaziland (0,98%), Botswana (0,67%), Lesotho (0,53%). Het aandeel van de diensten in economie van de leiders: Lesotho (39,2%), Namibië (30,6%), Zuid-Afrika (28,8%), Swaziland (27,2%) en Botswana (27,0%). De waarde van de diensten per hoofd in Zuidelijk Afrika onder de leiders: Zuid-Afrika ($378,7), Namibië ($323,7), Swaziland ($197,3), Botswana ($90,5) en Lesotho ($46,1). De groei van de diensten onder de leiders: Botswana (14,4%), Swaziland (9,4%), Lesotho (7,3%), Zuid-Afrika (3,7%) en Namibië (3,6%).

de jaren 1980

De diensten van Zuidelijk Afrika bedroegen in de jaren 1980 US$23,9 miljard per jaar, en waren vergelijkbaar met de Caraïben (US$23,8 miljard), Noorwegen (US$24,1 miljard). Het aandeel in de wereld was 0,44%, en 18,7% in Afrika.

Het aandeel van de diensten in de economie van Zuidelijk Afrika was 29,8% in de jaren 1980, en was vergelijkbaar met Ecuador (29,7%), Burkina Faso (29,7%), Mauritius (29,6%).

De diensten per hoofd in Zuidelijk Afrika waren $651,1 in de jaren 1980s, en waren vergelijkbaar met Brazilië (US$649,3), Namibië (US$641,4), de Marshalleilanden (US$662,8). De diensten per hoofd in Zuidelijk Afrika waren 41,6% lager dan de diensten per hoofd van de bevolking in de wereld ($1.115,5), en waren in 2,8 keer hoger dan de diensten per hoofd van de bevolking in Afrika ($1.115,5).

De groei van de diensten in Zuidelijk Afrika bedroeg 3.4% in de jaren 1980. De groei van de diensten in Zuidelijk Afrika (3,4%) was groter dan de groei van de diensten in de wereld (3,3%), was minder dan de groei van de diensten in Afrika (3,9%).

Vergelijking met subregio's. De sector van de diensten in Zuidelijk Afrika was groter dan in Oost-Afrika (US$15,0 miljard) en in Centraal-Afrika (US$9,3 miljard); maar minder dan in West-Afrika (US$46,2 miljard) en in Noord-Afrika (US$33,2 miljard). De diensten per hoofd in Zuidelijk Afrika waren in Zuidelijk Afrika groter dan in West-Afrika (US$295,8), in Noord-Afrika (US$263,4), in Centraal-Afrika (US$154,8) en in Oost-Afrika (US$92,5). De groei van de diensten in Zuidelijk Afrika was groter dan in Centraal-Afrika (1,9%); maar minder dan in Noord-Afrika (5,2%), in West-Afrika (3,7%) en in Oost-Afrika (3,6%).

Leiders. De waarde van de diensten in Zuidelijk Afrika in de jaren 1980 bestond uit: Zuid-Afrika (93,8%), Namibië (3,2%), Botswana (1,3%), Swaziland (1,1%), Lesotho (0,62%). Het aandeel van de diensten in economie van de leiders: Lesotho (46,3%), Namibië (37,4%), Swaziland (30,3%), Zuid-Afrika (29,5%) en Botswana (26,8%). De sector van de diensten per hoofd in Zuidelijk Afrika onder de leiders: Zuid-Afrika ($695,4), Namibië ($641,4), Swaziland ($368,8), Botswana ($282,7) en Lesotho ($98,5). De groei van de diensten onder de leiders: Botswana (15,3%), Lesotho (3,9%), Namibië (3,8%), Zuid-Afrika (3,3%) en Swaziland (2,6%).

de jaren 1990

De toegevoegde waarde van de diensten in Zuidelijk Afrika bedroeg in de jaren 1990 US$51,9 miljard per jaar. Het aandeel in de wereld was 0,45%, en 33,7% in Afrika.

Het aandeel van de diensten in de economie van Zuidelijk Afrika was 37,9% in de jaren 1990, en was vergelijkbaar met Zuid-Afrika (37,9%), Monaco (37,8%), Ierland (37,7%).

De toegevoegde waarde van de diensten per hoofd in Zuidelijk Afrika was $1.113,5 in de jaren 1990s, en was vergelijkbaar met Kroatië (US$1.132,2). De waarde van de diensten per hoofd in Zuidelijk Afrika was 44,7% lager dan de diensten per hoofd van de bevolking in de wereld ($2.014,6), en was in 5,1 keer hoger dan de diensten per hoofd van de bevolking in Afrika ($2.014,6).

De groei van de diensten in Zuidelijk Afrika bedroeg 2.1% in de jaren 1990. De groei van de diensten in Zuidelijk Afrika (2,1%) was minder dan de groei van de diensten in de wereld (2,7%), was minder dan de groei van de diensten in Afrika (2,6%).

Vergelijking met subregio's. De toegevoegde waarde van de diensten in Zuidelijk Afrika was groter dan in West-Afrika (US$22,2 miljard), in Oost-Afrika (US$17,0 miljard) en in Centraal-Afrika (US$9,3 miljard); maar minder dan in Noord-Afrika (US$53,8 miljard). De diensten per hoofd in Zuidelijk Afrika waren in Zuidelijk Afrika groter dan in Noord-Afrika (US$337,0), in Centraal-Afrika (US$112,9), in West-Afrika (US$109,2) en in Oost-Afrika (US$78,7). De groei van de diensten in Zuidelijk Afrika was groter dan in Centraal-Afrika (-1,2%); maar minder dan in West-Afrika (3,9%), in Noord-Afrika (3,5%) en in Oost-Afrika (2,5%).

Leiders. De waarde van de diensten in Zuidelijk Afrika in de jaren 1990 bestond uit: Zuid-Afrika (92,9%), Namibië (3,0%), Botswana (2,6%), Swaziland (0,90%), Lesotho (0,56%). Het aandeel van de diensten in economie van de leiders: Namibië (48,5%), Lesotho (39,9%), Zuid-Afrika (37,9%), Botswana (33,1%) en Swaziland (29,3%). De toegevoegde waarde van de diensten per hoofd in Zuidelijk Afrika onder de leiders: Zuid-Afrika ($1.182,3), Namibië ($986,6), Botswana ($936,8), Swaziland ($514,1) en Lesotho ($154,2). De groei van de diensten onder de leiders: Botswana (7,0%), Swaziland (3,5%), Lesotho (3,2%), Namibië (3,1%) en Zuid-Afrika (2,0%).

de jaren 2000

De waarde van de diensten in Zuidelijk Afrika bedroeg in de jaren 2000 US$88,7 miljard per jaar. Het aandeel in de wereld was 0,45%, en 31,1% in Afrika.

Het aandeel van de diensten in de economie van Zuidelijk Afrika was 41,2% in de jaren 2000, en was vergelijkbaar met Costa Rica (41,3%), San Marino (41,0%), de Seychellen (41,4%).

De diensten per hoofd in Zuidelijk Afrika waren $1.629,5 in de jaren 2000s, en waren vergelijkbaar met Venezuela (US$1.629,3), Libië (US$1.627,3). De diensten per hoofd in Zuidelijk Afrika waren 45,9% lager dan de diensten per hoofd van de bevolking in de wereld ($3.011,2), en waren in 5,2 keer hoger dan de diensten per hoofd van de bevolking in Afrika ($3.011,2).

De groei van de diensten in Zuidelijk Afrika bedroeg 4.2% in de jaren 2000, en was vergelijkbaar met IJsland (4,2%). De groei van de diensten in Zuidelijk Afrika (4,2%) was groter dan de groei van de diensten in de wereld (2,9%), was minder dan de groei van de diensten in Afrika (5,1%).

Vergelijking met subregio's. De waarde van de diensten in Zuidelijk Afrika was groter dan in Noord-Afrika (US$85,2 miljard), in West-Afrika (US$60,5 miljard), in Oost-Afrika (US$31,1 miljard) en in Centraal-Afrika (US$19,5 miljard). De toegevoegde waarde van de diensten per hoofd in Zuidelijk Afrika was in Zuidelijk Afrika groter dan in Noord-Afrika (US$447,6), in West-Afrika (US$228,0), in Centraal-Afrika (US$176,0) en in Oost-Afrika (US$108,9). De groei van de diensten in Zuidelijk Afrika was minder dan in West-Afrika (6,3%), in Oost-Afrika (5,7%), in Noord-Afrika (4,9%) en in Centraal-Afrika (4,9%).

Leiders. De sector van de diensten in Zuidelijk Afrika in de jaren 2000 bestond uit: Zuid-Afrika (93,0%), Botswana (3,0%), Namibië (2,7%), Swaziland (0,81%), Lesotho (0,48%). Het aandeel van de diensten in economie van de leiders: Zuid-Afrika (41,7%), Namibië (40,0%), Lesotho (35,3%), Botswana (35,1%) en Swaziland (27,8%). De sector van de diensten per hoofd in Zuidelijk Afrika onder de leiders: Zuid-Afrika ($1.730,4), Botswana ($1.508,8), Namibië ($1.224,7), Swaziland ($696,3) en Lesotho ($211,6). De groei van de diensten onder de leiders: Swaziland (5,8%), Lesotho (5,1%), Botswana (4,7%), Namibië (4,3%) en Zuid-Afrika (4,1%).

de jaren 2010

De sector van de diensten in Zuidelijk Afrika bedroeg in de jaren 2010 US$152,0 miljard per jaar, en was vergelijkbaar met West-Afrika (US$148,9 miljard), Iran (US$148,7 miljard). Het aandeel in de wereld was 0,46%, en 24,6% in Afrika.

Het aandeel van de diensten in de economie van Zuidelijk Afrika was 42,9% in de jaren 2010, en was vergelijkbaar met Letland (42,8%), Micronesië (42,8%), de Cookeilanden (42,6%).

De diensten per hoofd in Zuidelijk Afrika waren $2.431,4 in de jaren 2010s, en waren vergelijkbaar met Dominica (US$2,4 duizend), Colombia (US$2,5 duizend). De toegevoegde waarde van de diensten per hoofd in Zuidelijk Afrika was 45,6% lager dan de diensten per hoofd van de bevolking in de wereld ($4.467,8), en was in 4,6 keer hoger dan de diensten per hoofd van de bevolking in Afrika ($4.467,8).

De groei van de diensten in Zuidelijk Afrika bedroeg 2.4% in de jaren 2010, en was vergelijkbaar met Vanuatu (2,3%). De groei van de diensten in Zuidelijk Afrika (2,4%) was minder dan de groei van de diensten in de wereld (2,7%), was minder dan de groei van de diensten in Afrika (3,4%).

Vergelijking met subregio's. De diensten van Zuidelijk Afrika waren 2,0% groter dan in West-Afrika (US$148,9 miljard), 98,5% groter dan in Oost-Afrika (US$76,6 miljard) en 3,2 keer groter dan in Centraal-Afrika (US$48,2 miljard); maar 20,6% minder dan in Noord-Afrika (US$191,4 miljard). De waarde van de diensten per hoofd in Zuidelijk Afrika was in Zuidelijk Afrika2,8 keer groter dan in Noord-Afrika (US$864,5), 5,7 keer groter dan in West-Afrika (US$428,1), 7,7 keer groter dan in Centraal-Afrika (US$316,7) en 12,2 keer groter dan in Oost-Afrika (US$199,3). De groei van de diensten in Zuidelijk Afrika was minder dan in Oost-Afrika (6,0%), in West-Afrika (3,9%), in Noord-Afrika (3,1%) en in Centraal-Afrika (2,7%).

Leiders. De toegevoegde waarde van de diensten in Zuidelijk Afrika in de jaren 2010 bestond uit: Zuid-Afrika (91,7%), Botswana (3,6%), Namibië (3,2%), Swaziland (0,92%), Lesotho (0,58%). Het aandeel van de diensten in economie van de leiders: Namibië (43,6%), Zuid-Afrika (43,3%), Lesotho (40,4%), Botswana (37,8%) en Swaziland (32,8%). De toegevoegde waarde van de diensten per hoofd in Zuidelijk Afrika onder de leiders: Botswana ($2.550,6), Zuid-Afrika ($2.537,1), Namibië ($2.144,3), Swaziland ($1.271,8) en Lesotho ($426,3). De groei van de diensten onder de leiders: Botswana (5,2%), Lesotho (5,0%), Namibië (3,7%), Swaziland (3,7%) en Zuid-Afrika (2,2%).

Part III. Externe betrekkingen

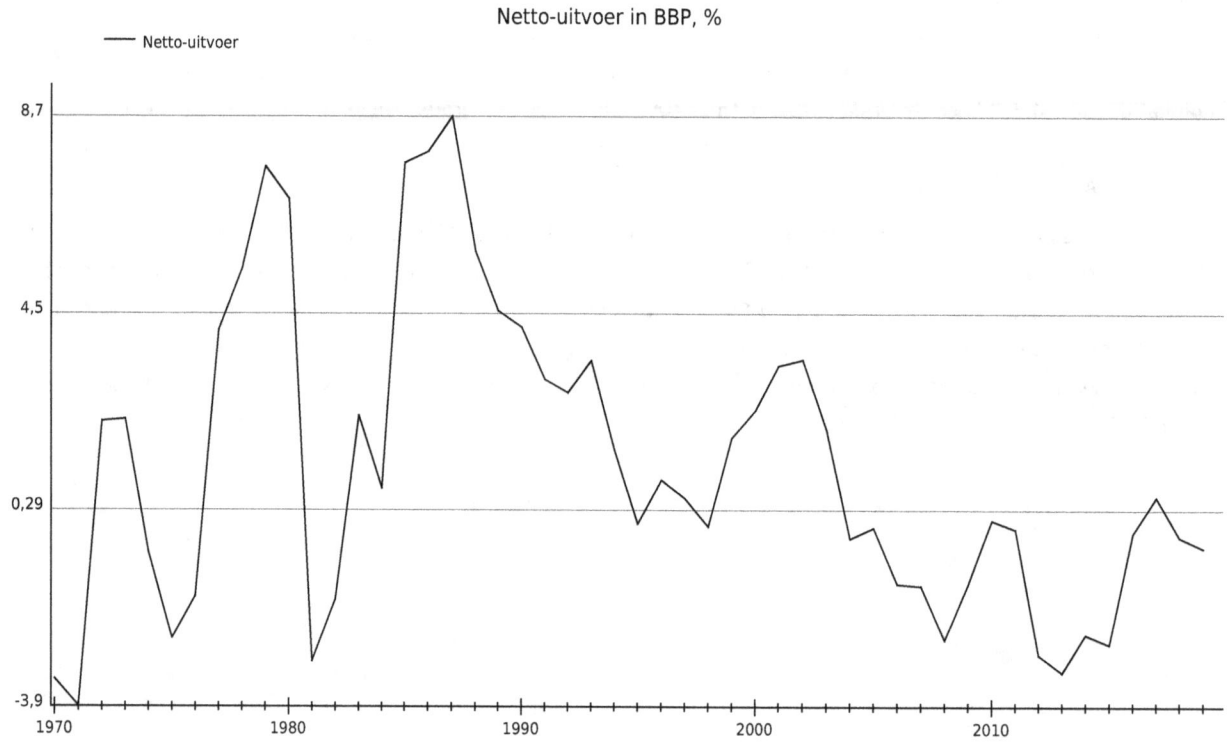

Hoofdstuk X. Uitvoer

Uitvoer van goederen en diensten

De waarde van de export in Zuidelijk Afrika steeg van US$10,8 miljard per jaar in de jaren 1970 tot US$123,2 miljard per jaar in de jaren 2010, dat wil zeggen met US$112,4 miljard of 11,4 keer. De verandering vond plaats op US$91,5 miljard als gevolg van een 3,9-voudige stijging van de prijzen, en ook op US$7,8 miljard als gevolg van een 1,3-voudige toename van het tarief per hoofd , evenals op US$13,1 miljard als gevolg van de toename van de bevolking. De gemiddelde jaarlijkse groei van de export is 2,4%. De minimumwaarde van de export bedroeg US$4,4 miljard in 1970. De maximumwaarde van de export bedroeg US$143,2 miljard in 2011.

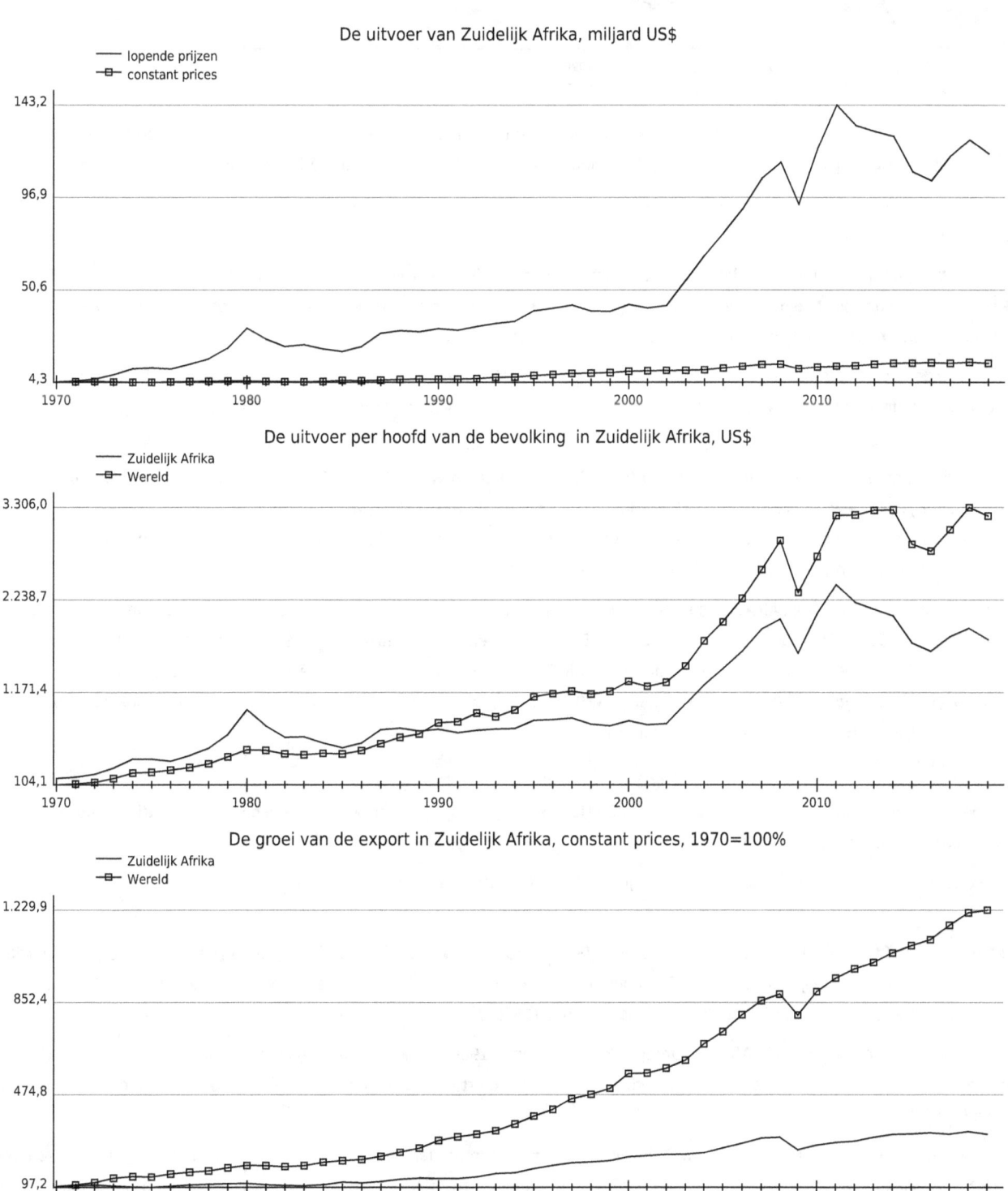

De uitvoer van Zuidelijk Afrika, miljard US$

De uitvoer per hoofd van de bevolking in Zuidelijk Afrika, US$

De groei van de export in Zuidelijk Afrika, constant prices, 1970=100%

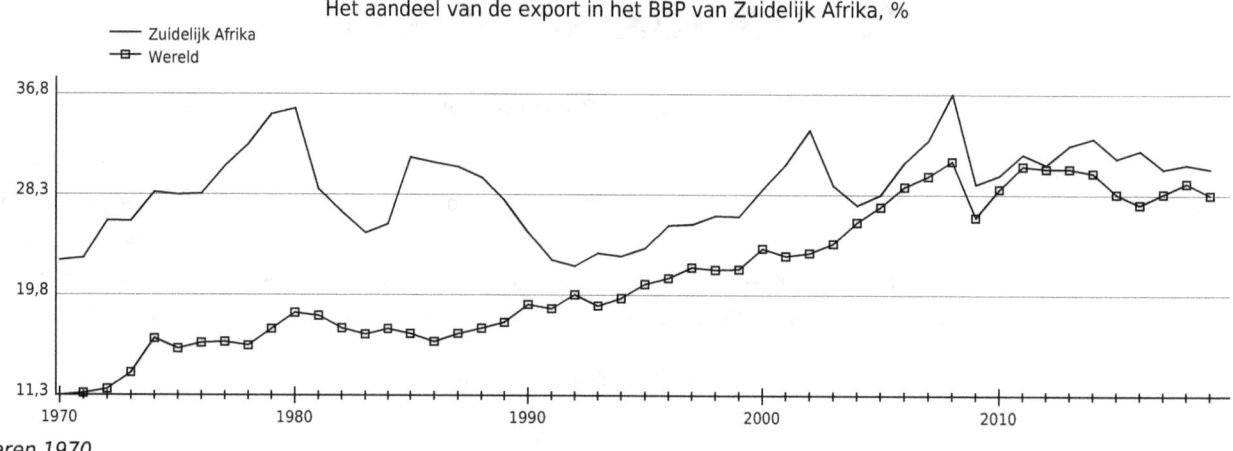

Het aandeel van de export in het BBP van Zuidelijk Afrika, %

de jaren 1970

De waarde van de export in Zuidelijk Afrika bedroeg in de jaren 1970 US$10,8 miljard per jaar, en was vergelijkbaar met Polen (US$11,0 miljard), Denemarken (US$11,1 miljard). Het aandeel in de wereld was 1,1%, en 19,2% in Afrika.

Het aandeel van de export in het BBP van Zuidelijk Afrika was 29,3% in de jaren 1970, en was vergelijkbaar met Jamaica (29,5%), Algerije (29,6%).

De uitvoer per hoofd in Zuidelijk Afrika was $382,8 in de jaren 1970s, en was vergelijkbaar met Vanuatu (US$377,3), Zuid-Afrika (US$391,6). De uitvoer per hoofd in Zuidelijk Afrika was 58,1% hoger dan de export per hoofd van de bevolking in de wereld ($242,1), en was in 2,8 keer hoger dan de export per hoofd van de bevolking in Afrika ($242,1).

De groei van de export in Zuidelijk Afrika bedroeg 1.3% in de jaren 1970. De groei van de export in Zuidelijk Afrika (1,3%) was minder dan de groei van de export in de wereld (6,5%), was minder dan de groei van de export in Afrika (5,7%).

Vergelijking met subregio's. De uitvoer van Zuidelijk Afrika was groter dan in Centraal-Afrika (US$7,2 miljard) en in Oost-Afrika (US$6,1 miljard); maar minder dan in Noord-Afrika (US$20,0 miljard) en in West-Afrika (US$12,1 miljard). De waarde van de export per hoofd in Zuidelijk Afrika was in Zuidelijk Afrika groter dan in Noord-Afrika (US$207,6), in Centraal-Afrika (US$158,0), in West-Afrika (US$101,6) en in Oost-Afrika (US$50,2). De groei van de export in Zuidelijk Afrika was minder dan in Noord-Afrika (6,9%), in Centraal-Afrika (5,0%), in West-Afrika (4,0%) en in Oost-Afrika (1,8%).

Leiders. De uitvoer van Zuidelijk Afrika in de jaren 1970 bestond uit: Zuid-Afrika (90,3%), Namibië (6,0%), Swaziland (2,4%), Botswana (1,1%), Lesotho (0,21%). Het aandeel van de export in BBP van de leiders: Swaziland (74,6%), Namibië (62,3%), Botswana (44,3%), Zuid-Afrika (27,9%) en Lesotho (13,4%). De uitvoer per hoofd in Zuidelijk Afrika onder de leiders: Namibië ($690,9), Swaziland ($531,2), Zuid-Afrika ($391,6), Botswana ($161,1) en Lesotho ($19,5). De groei van de export onder de leiders: Botswana (24,7%), Lesotho (13,3%), Swaziland (5,0%), Namibië (2,9%) en Zuid-Afrika (0,92%).

de jaren 1980

De uitvoer van Zuidelijk Afrika bedroeg in de jaren 1980 US$25,5 miljard per jaar, en was vergelijkbaar met Irak (US$25,9 miljard). Het aandeel in de wereld was 1,00%, en 23,4% in Afrika.

Het aandeel van de export in het BBP van Zuidelijk Afrika was 29,1% in de jaren 1980, en was vergelijkbaar met Nieuw-Caledonië (29,0%).

De uitvoer per hoofd in Zuidelijk Afrika was $695,6 in de jaren 1980s, en was vergelijkbaar met Zuid-Afrika (US$712,0). De waarde van de export per hoofd in Zuidelijk Afrika was 31,3% hoger dan de export per hoofd van de bevolking in de wereld ($529,9), en was in 3,5 keer hoger dan de export per hoofd van de bevolking in Afrika ($529,9).

De groei van de export in Zuidelijk Afrika bedroeg 1.8% in de jaren 1980, en was vergelijkbaar met Malawi (1,8%). De groei van de export in Zuidelijk Afrika (1,8%) was minder dan de groei van de export in de wereld (3,8%), was groter dan de groei van de export in Afrika (-0,87%).

Vergelijking met subregio's. De uitvoer van Zuidelijk Afrika was groter dan in West-Afrika (US$22,1 miljard), in Centraal-Afrika (US$13,5 miljard) en in Oost-Afrika (US$9,1 miljard); maar minder dan in Noord-Afrika (US$38,8 miljard). De uitvoer per hoofd in

Zuidelijk Afrika was in Zuidelijk Afrika groter dan in Noord-Afrika (US$307,7), in Centraal-Afrika (US$224,2), in West-Afrika (US$141,7) en in Oost-Afrika (US$56,1). De groei van de export in Zuidelijk Afrika was groter dan in Noord-Afrika (-2,4%); maar minder dan in Centraal-Afrika (5,0%), in West-Afrika (3,5%) en in Oost-Afrika (2,4%).

Leiders. De uitvoer van Zuidelijk Afrika in de jaren 1980 bestond uit: Zuid-Afrika (89,9%), Namibië (4,4%), Botswana (3,0%), Swaziland (2,4%), Lesotho (0,24%). Het aandeel van de export in BBP van de leiders: Swaziland (72,1%), Botswana (59,6%), Namibië (52,1%), Zuid-Afrika (27,7%) en Lesotho (15,2%). De uitvoer per hoofd in Zuidelijk Afrika onder de leiders: Namibië ($946,3), Swaziland ($875,8), Botswana ($724,9), Zuid-Afrika ($712,0) en Lesotho ($39,9). De groei van de export onder de leiders: Botswana (12,8%), Lesotho (2,8%), Swaziland (2,4%), Zuid-Afrika (1,4%) en Namibië (1,3%).

de jaren 1990

De uitvoer van Zuidelijk Afrika bedroeg in de jaren 1990 US$36,7 miljard per jaar, en was vergelijkbaar met India (US$36,1 miljard). Het aandeel in de wereld was 0,63%, en 25,7% in Afrika.

Het aandeel van de export in het BBP van Zuidelijk Afrika was 24,5% in de jaren 1990, en was vergelijkbaar met het Verenigd Koninkrijk (24,4%), Noord-Afrika (24,4%), Afrika (24,3%).

De uitvoer per hoofd in Zuidelijk Afrika was $787,6 in de jaren 1990s, en was vergelijkbaar met Tunesië (US$782,9), Zuid-Afrika (US$776,1), Oost-Europa (US$802,2). De waarde van de export per hoofd in Zuidelijk Afrika was 23,5% lager dan de export per hoofd van de bevolking in de wereld ($1.029,5), en was in 3,9 keer hoger dan de export per hoofd van de bevolking in Afrika ($1.029,5).

De groei van de export in Zuidelijk Afrika bedroeg 4.4% in de jaren 1990, en was vergelijkbaar met Zuid-Afrika (4,4%). De groei van de export in Zuidelijk Afrika (4,4%) was minder dan de groei van de export in de wereld (6,9%), was groter dan de groei van de export in Afrika (2,5%).

Vergelijking met subregio's. De waarde van de export in Zuidelijk Afrika was groter dan in West-Afrika (US$23,7 miljard), in Centraal-Afrika (US$17,6 miljard) en in Oost-Afrika (US$13,9 miljard); maar minder dan in Noord-Afrika (US$51,3 miljard). De uitvoer per hoofd in Zuidelijk Afrika was in Zuidelijk Afrika groter dan in Noord-Afrika (US$321,0), in Centraal-Afrika (US$214,0), in West-Afrika (US$116,3) en in Oost-Afrika (US$64,3). De groei van de export in Zuidelijk Afrika was groter dan in West-Afrika (2,3%) en in Noord-Afrika (1,2%); maar minder dan in Centraal-Afrika (7,3%) en in Oost-Afrika (5,9%).

Leiders. De waarde van de export in Zuidelijk Afrika in de jaren 1990 bestond uit: Zuid-Afrika (86,2%), Botswana (6,3%), Namibië (4,3%), Swaziland (2,7%), Lesotho (0,49%). Het aandeel van de export in BBP van de leiders: Swaziland (61,4%), Botswana (51,8%), Namibië (44,0%), Zuid-Afrika (22,7%) en Lesotho (22,4%). De uitvoer per hoofd in Zuidelijk Afrika onder de leiders: Botswana ($1.601,8), Swaziland ($1.092,7), Namibië ($978,1), Zuid-Afrika ($776,1) en Lesotho ($96,8). De groei van de export onder de leiders: Lesotho (8,6%), Swaziland (5,5%), Botswana (4,5%), Zuid-Afrika (4,4%) en Namibië (4,0%).

de jaren 2000

De uitvoer van Zuidelijk Afrika bedroeg in de jaren 2000 US$73,6 miljard per jaar. Het aandeel in de wereld was 0,59%, en 20,4% in Afrika.

Het aandeel van de export in het BBP van Zuidelijk Afrika was 30,9% in de jaren 2000, en was vergelijkbaar met Marokko (30,9%).

De waarde van de export per hoofd in Zuidelijk Afrika was $1.352,2 in de jaren 2000s, en was vergelijkbaar met Roemenië (US$1.346,2), Zuid-Afrika (US$1.345,2), Azerbeidzjan (US$1.343,4). De uitvoer per hoofd in Zuidelijk Afrika was 30,1% lager dan de export per hoofd van de bevolking in de wereld ($1.933,7), en was in 3,4 keer hoger dan de export per hoofd van de bevolking in Afrika ($1.933,7).

De groei van de export in Zuidelijk Afrika bedroeg 2% in de jaren 2000, en was vergelijkbaar met Zuid-Afrika (2,0%). De groei van de export in Zuidelijk Afrika (2,0%) was minder dan de groei van de export in de wereld (4,8%), was minder dan de groei van de export in Afrika (5,3%).

Vergelijking met subregio's. De uitvoer van Zuidelijk Afrika was groter dan in West-Afrika (US$65,5 miljard), in Centraal-Afrika (US$52,5 miljard) en in Oost-Afrika (US$28,6 miljard); maar minder dan in Noord-Afrika (US$141,1 miljard). De uitvoer per hoofd in Zuidelijk Afrika was in Zuidelijk Afrika groter dan in Noord-Afrika (US$741,0), in Centraal-Afrika (US$473,2), in West-Afrika (US$246,7) en in Oost-Afrika (US$100,2). De groei van de export in Zuidelijk Afrika was minder dan in Oost-Afrika (8,6%), in Centraal-Afrika (5,9%), in Noord-Afrika (5,6%) en in West-Afrika (5,5%).

Leiders. De uitvoer van Zuidelijk Afrika in de jaren 2000 bestond uit: Zuid-Afrika (87,1%), Botswana (5,7%), Namibië (4,0%), Swaziland (2,3%), Lesotho (0,91%). Het aandeel van de export in BBP van de leiders: Swaziland (63,1%), Lesotho (52,1%), Botswana (48,8%), Namibië (47,0%) en Zuid-Afrika (29,2%). De uitvoer per hoofd in Zuidelijk Afrika onder de leiders: Botswana ($2.329,6), Swaziland ($1.622,2), Namibië ($1.534,0), Zuid-Afrika ($1.345,2) en Lesotho ($333,5). De groei van de export onder de leiders: Lesotho (11,7%), Swaziland (4,3%), Namibië (4,3%), Zuid-Afrika (2,0%) en Botswana (-1,8%).

de jaren 2010

De uitvoer van Zuidelijk Afrika bedroeg in de jaren 2010 US$123,2 miljard per jaar, en was vergelijkbaar met Luxemburg (US$125,9 miljard). Het aandeel in de wereld was 0,54%, en 19,7% in Afrika.

Het aandeel van de export in het BBP van Zuidelijk Afrika was 31,3% in de jaren 2010, en was vergelijkbaar met Armenië (31,5%), Canada (31,1%), Moldavië (31,1%).

De uitvoer per hoofd in Zuidelijk Afrika was $1.971,2 in de jaren 2010s, en was vergelijkbaar met Zuid-Afrika (US$1.967,6), Libanon (US$1.976,2), Paraguay (US$1.977,2). De waarde van de export per hoofd in Zuidelijk Afrika was 36,4% lager dan de export per hoofd van de bevolking in de wereld ($3.098,9), en was in 3,7 keer hoger dan de export per hoofd van de bevolking in Afrika ($3.098,9).

De groei van de export in Zuidelijk Afrika bedroeg 2.3% in de jaren 2010, en was vergelijkbaar met Somalië (2,3%). De groei van de export in Zuidelijk Afrika (2,3%) was minder dan de groei van de export in de wereld (4,4%), was groter dan de groei van de export in Afrika (-1,2%).

Vergelijking met subregio's. De waarde van de export in Zuidelijk Afrika was 21,9% groter dan in Centraal-Afrika (US$101,1 miljard) en 78,8% groter dan in Oost-Afrika (US$68,9 miljard); maar 35,5% minder dan in Noord-Afrika (US$191,0 miljard) en 12,0% minder dan in West-Afrika (US$140,0 miljard). De uitvoer per hoofd in Zuidelijk Afrika was in Zuidelijk Afrika2,3 keer groter dan in Noord-Afrika (US$862,9), 3,0 keer groter dan in Centraal-Afrika (US$663,8), 4,9 keer groter dan in West-Afrika (US$402,5) en 11,0 keer groter dan in Oost-Afrika (US$179,3). De groei van de export in Zuidelijk Afrika was groter dan in Centraal-Afrika (0,20%) en in Noord-Afrika (-6,3%); maar minder dan in West-Afrika (6,9%) en in Oost-Afrika (4,4%).

Leiders. De waarde van de export in Zuidelijk Afrika in de jaren 2010 bestond uit: Zuid-Afrika (87,7%), Botswana (6,1%), Namibië (3,8%), Swaziland (1,5%), Lesotho (0,85%). Het aandeel van de export in BBP van de leiders: Botswana (47,4%), Lesotho (43,0%), Swaziland (41,6%), Namibië (38,9%) en Zuid-Afrika (30,1%). De waarde van de export per hoofd in Zuidelijk Afrika onder de leiders: Botswana ($3.532,6), Namibië ($2.056,3), Zuid-Afrika ($1.967,6), Swaziland ($1.693,3) en Lesotho ($508,8). De groei van de export onder de leiders: Botswana (5,6%), Zuid-Afrika (2,2%), Lesotho (1,7%), Namibië (1,5%) en Swaziland (0,60%).

Hoofdstuk XI. Invoer

Invoer van goederen en diensten

De invoer van Zuidelijk Afrika steeg van US$10,1 miljard per jaar in de jaren 1970 tot US$127,7 miljard per jaar in de jaren 2010, dat wil zeggen met US$117,6 miljard of 12,7 keer. De verandering vond plaats op US$86,8 miljard als gevolg van een 3,1-voudige stijging van de prijzen, en ook op US$18,5 miljard als gevolg van een 1,8-voudige toename van het tarief per hoofd , evenals op US$12,3 miljard als gevolg van de toename van de bevolking. De gemiddelde jaarlijkse groei van de invoer is 3,2%. De minimumwaarde van de invoer bedroeg US$5,1 miljard in 1970. De maximumwaarde van de invoer bedroeg US$145,0 miljard in 2012.

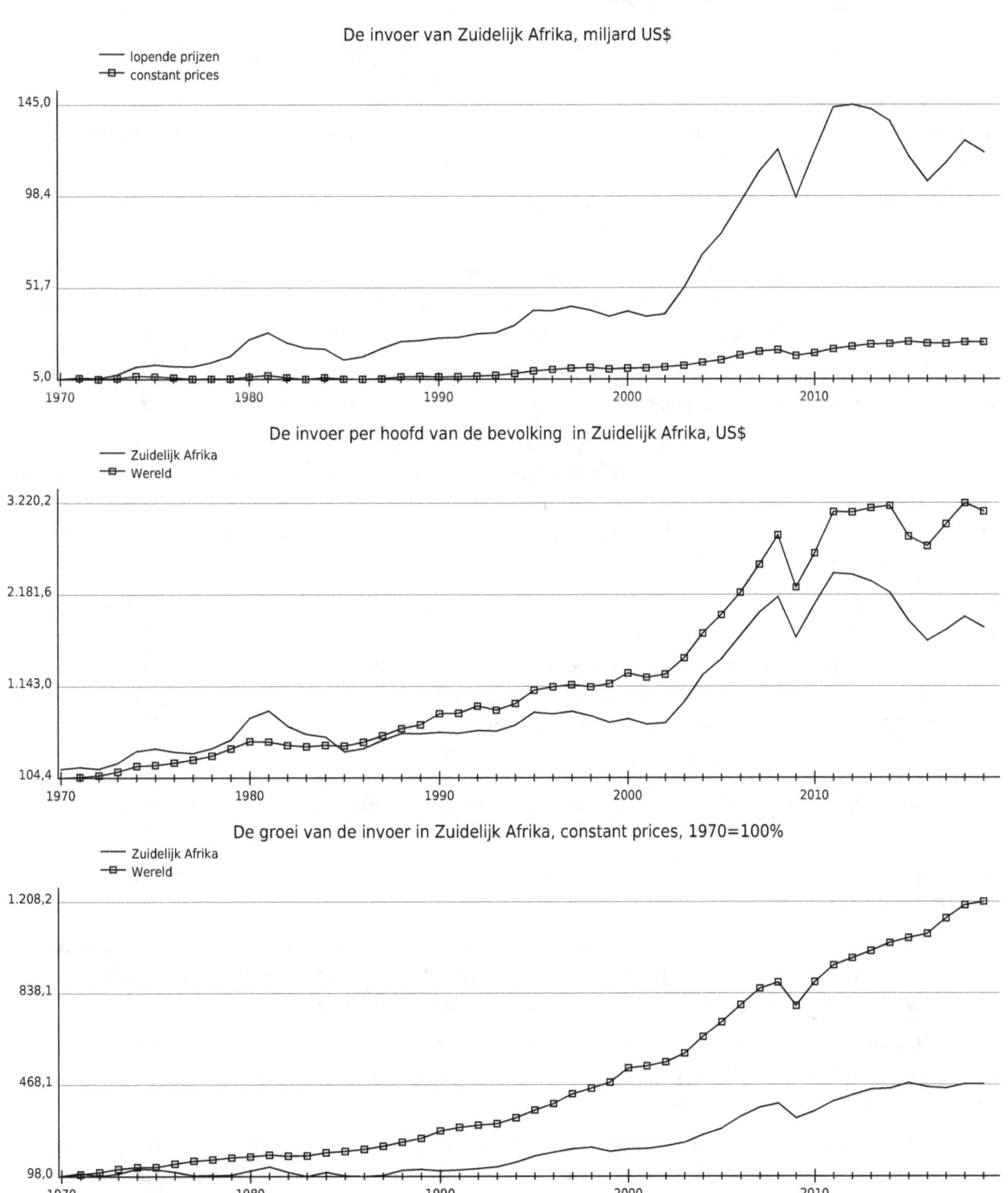

De invoer van Zuidelijk Afrika, miljard US$

De invoer per hoofd van de bevolking in Zuidelijk Afrika, US$

De groei van de invoer in Zuidelijk Afrika, constant prices, 1970=100%

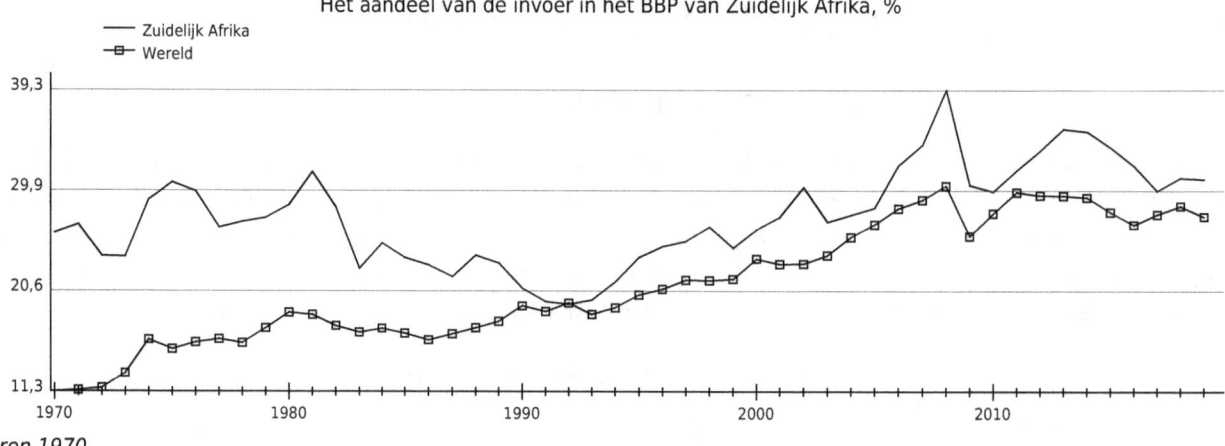

Het aandeel van de invoer in het BBP van Zuidelijk Afrika, %

de jaren 1970

De invoer van Zuidelijk Afrika bedroeg in de jaren 1970 US$10,1 miljard per jaar, en was vergelijkbaar met Mexico (US$10,1 miljard). Het aandeel in de wereld was 1,0%, en 17,2% in Afrika.

Het aandeel van de invoer in het BBP van Zuidelijk Afrika was 27,4% in de jaren 1970, en was vergelijkbaar met Nieuw-Zeeland (27,3%).

De invoer per hoofd in Zuidelijk Afrika was $357,7 in de jaren 1970s, en was vergelijkbaar met Zuid-Afrika (US$355,5), Maleisië (US$364,3), Kiribati (US$350,6). De waarde van de invoer per hoofd in Zuidelijk Afrika was 46,4% hoger dan de invoer per hoofd van de bevolking in de wereld ($244,3), en was in 2,5 keer hoger dan de invoer per hoofd van de bevolking in Afrika ($244,3).

De groei van de invoer in Zuidelijk Afrika bedroeg 0.3% in de jaren 1970. De groei van de invoer in Zuidelijk Afrika (0,28%) was minder dan de groei van de invoer in de wereld (6,3%), was minder dan de groei van de invoer in Afrika (6,7%).

Vergelijking met subregio's. De waarde van de invoer in Zuidelijk Afrika was groter dan in Centraal-Afrika (US$8,9 miljard) en in Oost-Afrika (US$7,9 miljard); maar minder dan in Noord-Afrika (US$19,8 miljard) en in West-Afrika (US$11,8 miljard). De waarde van de invoer per hoofd in Zuidelijk Afrika was in Zuidelijk Afrika groter dan in Noord-Afrika (US$204,9), in Centraal-Afrika (US$195,3), in West-Afrika (US$99,3) en in Oost-Afrika (US$65,6). De groei van de invoer in Zuidelijk Afrika was minder dan in West-Afrika (8,7%), in Noord-Afrika (8,6%), in Centraal-Afrika (2,7%) en in Oost-Afrika (1,9%).

Leiders. De waarde van de invoer in Zuidelijk Afrika in de jaren 1970 bestond uit: Zuid-Afrika (87,7%), Namibië (6,3%), Swaziland (2,5%), Botswana (1,9%), Lesotho (1,7%). Het aandeel van de invoer in BBP van de leiders: Lesotho (101,5%), Swaziland (72,0%), Botswana (69,8%), Namibië (61,1%) en Zuid-Afrika (25,3%). De waarde van de invoer per hoofd in Zuidelijk Afrika onder de leiders: Namibië ($678,0), Swaziland ($512,5), Zuid-Afrika ($355,5), Botswana ($254,2) en Lesotho ($147,3). De groei van de invoer onder de leiders: Lesotho (17,2%), Botswana (13,9%), Swaziland (11,0%), Namibië (3,2%) en Zuid-Afrika (-0,58%).

de jaren 1980

De invoer van Zuidelijk Afrika bedroeg in de jaren 1980 US$22,1 miljard per jaar. Het aandeel in de wereld was 0,85%, en 19,6% in Afrika.

Het aandeel van de invoer in het BBP van Zuidelijk Afrika was 25,2% in de jaren 1980, en was vergelijkbaar met het Verenigd Koninkrijk (25,3%), Joegoslavië (25,0%).

De invoer per hoofd in Zuidelijk Afrika was $601,7 in de jaren 1980s, en was vergelijkbaar met de Dominicaanse Republiek (US$609,0). De waarde van de invoer per hoofd in Zuidelijk Afrika was 11,6% hoger dan de invoer per hoofd van de bevolking in de wereld ($539,1), en was in 2,9 keer hoger dan de invoer per hoofd van de bevolking in Afrika ($539,1).

De groei van de invoer in Zuidelijk Afrika bedroeg 2.1% in de jaren 1980, en was vergelijkbaar met Gambia (2,1%). De groei van de invoer in Zuidelijk Afrika (2,1%) was minder dan de groei van de invoer in de wereld (3,8%), was groter dan de groei van de invoer in Afrika (-3,1%).

Vergelijking met subregio's. De invoer van Zuidelijk Afrika was groter dan in West-Afrika (US$20,0 miljard), in Centraal-Afrika (US$14,8 miljard) en in Oost-Afrika (US$13,0 miljard); maar minder dan in Noord-Afrika (US$42,7 miljard). De waarde van de invoer per hoofd in

Zuidelijk Afrika was in Zuidelijk Afrika groter dan in Noord-Afrika (US$338,6), in Centraal-Afrika (US$245,4), in West-Afrika (US$128,2) en in Oost-Afrika (US$80,3). De groei van de invoer in Zuidelijk Afrika was groter dan in Oost-Afrika (1,6%), in Centraal-Afrika (-0,17%), in Noord-Afrika (-1,0%) en in West-Afrika (-9,5%).

Leiders. De invoer van Zuidelijk Afrika in de jaren 1980 bestond uit: Zuid-Afrika (85,6%), Namibië (5,1%), Botswana (3,4%), Swaziland (3,3%), Lesotho (2,6%). Het aandeel van de invoer in BBP van de leiders: Lesotho (143,6%), Swaziland (86,7%), Botswana (57,5%), Namibië (52,2%) en Zuid-Afrika (22,8%). De invoer per hoofd in Zuidelijk Afrika onder de leiders: Swaziland ($1.052,5), Namibië ($947,2), Botswana ($699,0), Zuid-Afrika ($586,5) en Lesotho ($376,3). De groei van de invoer onder de leiders: Botswana (10,1%), Lesotho (3,3%), Zuid-Afrika (1,8%), Namibië (0,68%) en Swaziland (-1,3%).

de jaren 1990

De invoer van Zuidelijk Afrika bedroeg in de jaren 1990 US$34,1 miljard per jaar, en was vergelijkbaar met Finland (US$33,7 miljard). Het aandeel in de wereld was 0,59%, en 22,8% in Afrika.

Het aandeel van de invoer in het BBP van Zuidelijk Afrika was 22,7% in de jaren 1990, en was vergelijkbaar met Spanje (22,8%), Andorra (22,8%), Kenia (22,8%).

De waarde van de invoer per hoofd in Zuidelijk Afrika was $731,8 in de jaren 1990s, en was vergelijkbaar met Venezuela (US$732,3), Rusland (US$735,2), Argentinië (US$721,5). De waarde van de invoer per hoofd in Zuidelijk Afrika was 27,9% lager dan de invoer per hoofd van de bevolking in de wereld ($1.015,5), en was in 3,5 keer hoger dan de invoer per hoofd van de bevolking in Afrika ($1.015,5).

De groei van de invoer in Zuidelijk Afrika bedroeg 4.6% in de jaren 1990, en was vergelijkbaar met Brunei (4,6%), de Kaaimaneilanden (4,6%), Malta (4,6%). De groei van de invoer in Zuidelijk Afrika (4,6%) was minder dan de groei van de invoer in de wereld (6,6%), was groter dan de groei van de invoer in Afrika (3,8%).

Vergelijking met subregio's. De invoer van Zuidelijk Afrika was groter dan in West-Afrika (US$22,9 miljard), in Oost-Afrika (US$19,2 miljard) en in Centraal-Afrika (US$16,8 miljard); maar minder dan in Noord-Afrika (US$56,7 miljard). De waarde van de invoer per hoofd in Zuidelijk Afrika was in Zuidelijk Afrika groter dan in Noord-Afrika (US$355,1), in Centraal-Afrika (US$204,0), in West-Afrika (US$112,5) en in Oost-Afrika (US$88,8). De groei van de invoer in Zuidelijk Afrika was groter dan in West-Afrika (4,1%) en in Noord-Afrika (1,0%); maar minder dan in Centraal-Afrika (10,3%) en in Oost-Afrika (6,0%).

Leiders. De waarde van de invoer in Zuidelijk Afrika in de jaren 1990 bestond uit: Zuid-Afrika (81,9%), Botswana (5,9%), Namibië (5,2%), Swaziland (3,7%), Lesotho (3,3%). Het aandeel van de invoer in BBP van de leiders: Lesotho (140,5%), Swaziland (76,9%), Namibië (49,9%), Botswana (44,9%) en Zuid-Afrika (20,0%). De invoer per hoofd in Zuidelijk Afrika onder de leiders: Botswana ($1.387,1), Swaziland ($1.369,5), Namibië ($1.108,7), Zuid-Afrika ($685,2) en Lesotho ($606,1). De groei van de invoer onder de leiders: Swaziland (7,1%), Zuid-Afrika (4,6%), Namibië (4,6%), Botswana (4,0%) en Lesotho (3,6%).

de jaren 2000

De waarde van de invoer in Zuidelijk Afrika bedroeg in de jaren 2000 US$74,0 miljard per jaar. Het aandeel in de wereld was 0,60%, en 22,1% in Afrika.

Het aandeel van de invoer in het BBP van Zuidelijk Afrika was 31,1% in de jaren 2000, en was vergelijkbaar met Bolivia (31,4%).

De waarde van de invoer per hoofd in Zuidelijk Afrika was $1.360,4 in de jaren 2000s, en was vergelijkbaar met Tonga (US$1.360,1), Venezuela (US$1.373,0), Turkmenistan (US$1.373,4). De waarde van de invoer per hoofd in Zuidelijk Afrika was 28,4% lager dan de invoer per hoofd van de bevolking in de wereld ($1.899,9), en was in 3,7 keer hoger dan de invoer per hoofd van de bevolking in Afrika ($1.899,9).

De groei van de invoer in Zuidelijk Afrika bedroeg 5.3% in de jaren 2000, en was vergelijkbaar met Ghana (5,3%), Zuid-Afrika (5,4%), Maleisië (5,4%). De groei van de invoer in Zuidelijk Afrika (5,3%) was groter dan de groei van de invoer in de wereld (5,1%), was minder dan de groei van de invoer in Afrika (7,6%).

Vergelijking met subregio's. De invoer van Zuidelijk Afrika was groter dan in West-Afrika (US$58,3 miljard), in Centraal-Afrika (US$40,3 miljard) en in Oost-Afrika (US$40,2 miljard); maar minder dan in Noord-Afrika (US$121,9 miljard). De invoer per hoofd in Zuidelijk Afrika was in Zuidelijk Afrika groter dan in Noord-Afrika (US$640,5), in Centraal-Afrika (US$363,9), in West-Afrika (US$219,9) en in Oost-Afrika (US$140,8). De groei van de invoer in Zuidelijk Afrika was groter dan in Centraal-Afrika (5,1%); maar minder dan in

Oost-Afrika (10,8%), in West-Afrika (9,6%) en in Noord-Afrika (7,3%).

Leiders. De waarde van de invoer in Zuidelijk Afrika in de jaren 2000 bestond uit: Zuid-Afrika (86,0%), Botswana (4,8%), Namibië (4,6%), Swaziland (2,6%), Lesotho (2,0%). Het aandeel van de invoer in BBP van de leiders: Lesotho (116,7%), Swaziland (73,8%), Namibië (53,5%), Botswana (41,5%) en Zuid-Afrika (29,0%). De invoer per hoofd in Zuidelijk Afrika onder de leiders: Botswana ($1.979,6), Swaziland ($1.897,8), Namibië ($1.746,5), Zuid-Afrika ($1.335,8) en Lesotho ($747,8). De groei van de invoer onder de leiders: Namibië (9,3%), Zuid-Afrika (5,4%), Swaziland (3,8%), Lesotho (3,3%) en Botswana (2,9%).

de jaren 2010

De waarde van de invoer in Zuidelijk Afrika bedroeg in de jaren 2010 US$127,7 miljard per jaar. Het aandeel in de wereld was 0,58%, en 18,5% in Afrika.

Het aandeel van de invoer in het BBP van Zuidelijk Afrika was 32,4% in de jaren 2010, en was vergelijkbaar met Burkina Faso (32,5%), Angola (32,6%), Syrië (32,6%).

De invoer per hoofd in Zuidelijk Afrika was $2.042,8 in de jaren 2010s, en was vergelijkbaar met de Dominicaanse Republiek (US$2,1 duizend). De waarde van de invoer per hoofd in Zuidelijk Afrika was 32,3% lager dan de invoer per hoofd van de bevolking in de wereld ($3.015,6), en was in 3,4 keer hoger dan de invoer per hoofd van de bevolking in Afrika ($3.015,6).

De groei van de invoer in Zuidelijk Afrika bedroeg 3.5% in de jaren 2010, en was vergelijkbaar met Bosnië en Herzegovina (3,5%), Mauritius (3,5%), Mauritanië (3,5%). De groei van de invoer in Zuidelijk Afrika (3,5%) was minder dan de groei van de invoer in de wereld (4,4%), was groter dan de groei van de invoer in Afrika (2,0%).

Vergelijking met subregio's. De invoer van Zuidelijk Afrika was 17,5% groter dan in Oost-Afrika (US$108,7 miljard) en 53,8% groter dan in Centraal-Afrika (US$83,0 miljard); maar 45,4% minder dan in Noord-Afrika (US$233,9 miljard) en 7,8% minder dan in West-Afrika (US$138,5 miljard). De invoer per hoofd in Zuidelijk Afrika was in Zuidelijk Afrika93,4% groter dan in Noord-Afrika (US$1.056,3), 3,7 keer groter dan in Centraal-Afrika (US$545,2), 5,1 keer groter dan in West-Afrika (US$398,2) en 7,2 keer groter dan in Oost-Afrika (US$282,9). De groei van de invoer in Zuidelijk Afrika was groter dan in Noord-Afrika (1,6%), in West-Afrika (1,4%) en in Centraal-Afrika (-1,8%); maar minder dan in Oost-Afrika (5,6%).

Leiders. De waarde van de invoer in Zuidelijk Afrika in de jaren 2010 bestond uit: Zuid-Afrika (85,1%), Botswana (6,1%), Namibië (5,4%), Lesotho (1,8%), Swaziland (1,6%). Het aandeel van de invoer in BBP van de leiders: Lesotho (94,2%), Namibië (56,5%), Botswana (49,1%), Swaziland (45,3%) en Zuid-Afrika (30,3%). De waarde van de invoer per hoofd in Zuidelijk Afrika onder de leiders: Botswana ($3.660,8), Namibië ($2.988,3), Zuid-Afrika ($1.979,5), Swaziland ($1.840,5) en Lesotho ($1.114,4). De groei van de invoer onder de leiders: Botswana (5,7%), Zuid-Afrika (3,6%), Namibië (2,7%), Lesotho (1,2%) en Swaziland (-0,12%).

Part IV. Verbruik

Hoofdstuk XII. Overheidsuitgaven

Consumptie-uitgaven van de overheid

De overheidsuitgaven van Zuidelijk Afrika steeg van US$5,4 miljard per jaar in de jaren 1970 tot US$82,0 miljard per jaar in de jaren 2010, dat wil zeggen met US$76,6 miljard of 15,3 keer. De verandering vond plaats op US$62,4 miljard als gevolg van een 4,2-voudige stijging van de prijzen, en ook op US$7,7 miljard als gevolg van een 1,6-voudige toename van het tarief per hoofd , evenals op US$6,5 miljard als gevolg van de toename van de bevolking. De gemiddelde jaarlijkse groei van de overheidsuitgaven is 3,4%. De minimumwaarde van de overheidsuitgaven bedroeg US$2,5 miljard in 1970. De maximumwaarde van de overheidsuitgaven bedroeg US$90,4 miljard in 2011.

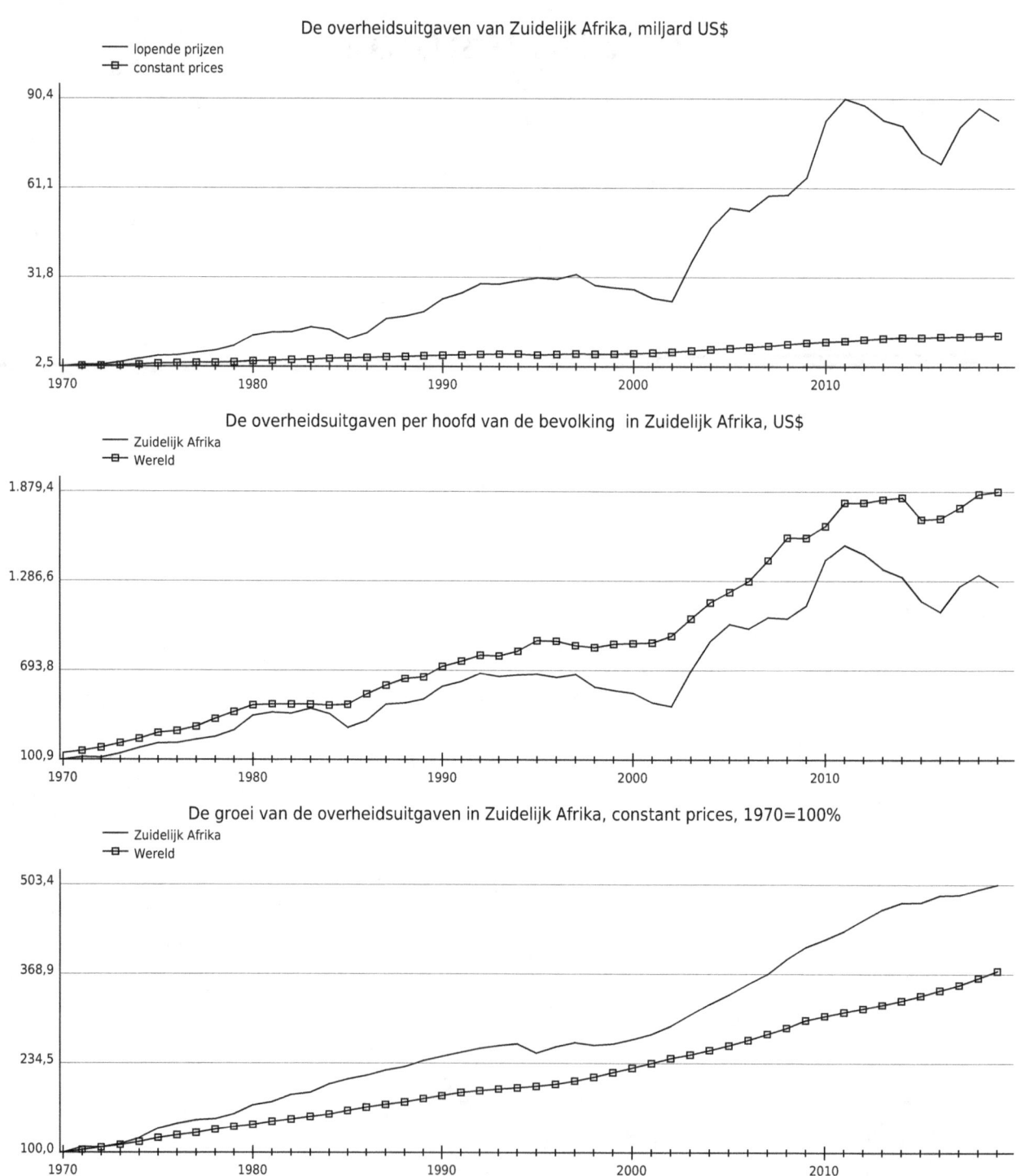

De overheidsuitgaven van Zuidelijk Afrika, miljard US$

De overheidsuitgaven per hoofd van de bevolking in Zuidelijk Afrika, US$

De groei van de overheidsuitgaven in Zuidelijk Afrika, constant prices, 1970=100%

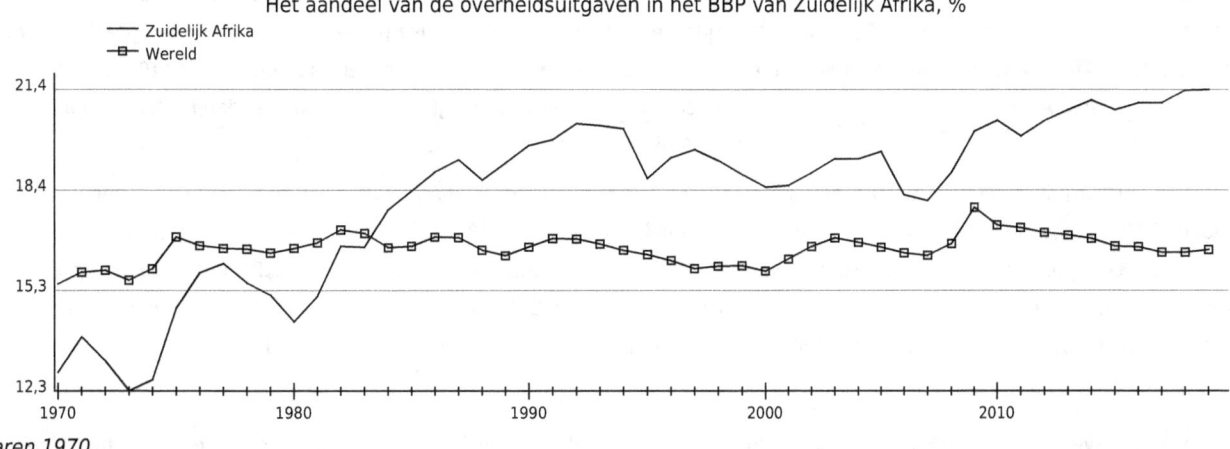

Het aandeel van de overheidsuitgaven in het BBP van Zuidelijk Afrika, %

de jaren 1970

De overheidsuitgaven van Zuidelijk Afrika bedroeg in de jaren 1970 US$5,4 miljard per jaar, en was vergelijkbaar met Tsjecho-Slowakije (US$5,4 miljard). Het aandeel in de wereld was 0,50%, en 16,9% in Afrika.

Het aandeel van de overheidsuitgaven in het BBP van Zuidelijk Afrika was 14,6% in de jaren 1970, en was vergelijkbaar met Saint Lucia (14,6%), Zuid-Europa (14,6%), Kenia (14,5%).

De overheidsuitgaven per hoofd in Zuidelijk Afrika was $189,9 in de jaren 1970s, en was vergelijkbaar met Ecuador (US$189,2), Cyprus (US$191,2), Kiribati (US$188,3). De overheidsuitgaven per hoofd in Zuidelijk Afrika was 28,4% lager dan de overheidsuitgaven per hoofd van de bevolking in de wereld ($265,2), en was in 2,5 keer hoger dan de overheidsuitgaven per hoofd van de bevolking in Afrika ($265,2).

De groei van de overheidsuitgaven in Zuidelijk Afrika bedroeg 5.2% in de jaren 1970, en was vergelijkbaar met Mauritius (5,1%), de Caraïben (5,2%), Puerto Rico (5,2%). De groei van de overheidsuitgaven in Zuidelijk Afrika (5,2%) was groter dan de groei van de overheidsuitgaven in de wereld (3,7%), was groter dan de groei van de overheidsuitgaven in Afrika (4,9%).

Vergelijking met subregio's. De overheidsuitgaven van Zuidelijk Afrika was groter dan in Centraal-Afrika (US$4,4 miljard) en in West-Afrika (US$4,3 miljard); maar minder dan in Noord-Afrika (US$10,7 miljard) en in Oost-Afrika (US$6,9 miljard). De overheidsuitgaven per hoofd in Zuidelijk Afrika was in Zuidelijk Afrika groter dan in Noord-Afrika (US$111,3), in Centraal-Afrika (US$95,9), in Oost-Afrika (US$56,8) en in West-Afrika (US$36,1). De groei van de overheidsuitgaven in Zuidelijk Afrika was groter dan in Centraal-Afrika (-1,0%); maar minder dan in Noord-Afrika (7,3%), in West-Afrika (6,8%) en in Oost-Afrika (6,0%).

Leiders. De overheidsuitgaven van Zuidelijk Afrika in de jaren 1970 bestond uit: Zuid-Afrika (93,7%), Namibië (3,4%), Swaziland (1,2%), Botswana (0,98%), Lesotho (0,67%). Het aandeel van de overheidsuitgaven in BBP van de leiders: Lesotho (21,3%), Botswana (19,7%), Swaziland (18,4%), Namibië (17,8%) en Zuid-Afrika (14,4%). De overheidsuitgaven per hoofd in Zuidelijk Afrika onder de leiders: Zuid-Afrika ($201,6), Namibië ($197,6), Swaziland ($130,7), Botswana ($71,7) en Lesotho ($30,9). De groei van de overheidsuitgaven onder de leiders: Lesotho (15,9%), Botswana (14,6%), Swaziland (12,6%), Zuid-Afrika (5,1%) en Namibië (3,6%).

de jaren 1980

De overheidsuitgaven van Zuidelijk Afrika bedroeg in de jaren 1980 US$15,3 miljard per jaar, en was vergelijkbaar met Zwitserland (US$15,3 miljard). Het aandeel in de wereld was 0,61%, en 22,1% in Afrika.

Het aandeel van de overheidsuitgaven in het BBP van Zuidelijk Afrika was 17,5% in de jaren 1980, en was vergelijkbaar met Mali (17,5%), Griekenland (17,6%), Swaziland (17,4%).

De overheidsuitgaven per hoofd in Zuidelijk Afrika was $418,2 in de jaren 1980s, en was vergelijkbaar met Jordanië (US$414,4). De overheidsuitgaven per hoofd in Zuidelijk Afrika was 20,1% lager dan de overheidsuitgaven per hoofd van de bevolking in de wereld ($523,5), en was in 3,3 keer hoger dan de overheidsuitgaven per hoofd van de bevolking in Afrika ($523,5).

De groei van de overheidsuitgaven in Zuidelijk Afrika bedroeg 4.2% in de jaren 1980, en was vergelijkbaar met de Comoren (4,2%), Belize (4,2%). De groei van de overheidsuitgaven in Zuidelijk Afrika (4,2%) was groter dan de groei van de overheidsuitgaven in de wereld (2,7%), was groter dan de groei van de overheidsuitgaven in Afrika (1,8%).

Vergelijking met subregio's. De overheidsuitgaven van Zuidelijk Afrika was groter dan in Oost-Afrika (US$12,8 miljard), in West-Afrika (US$8,7 miljard) en in Centraal-Afrika (US$7,2 miljard); maar minder dan in Noord-Afrika (US$25,5 miljard). De overheidsuitgaven per hoofd in Zuidelijk Afrika was in Zuidelijk Afrika groter dan in Noord-Afrika (US$201,9), in Centraal-Afrika (US$119,6), in Oost-Afrika (US$78,6) en in West-Afrika (US$55,7). De groei van de overheidsuitgaven in Zuidelijk Afrika was groter dan in Oost-Afrika (2,1%), in Centraal-Afrika (2,1%), in Noord-Afrika (0,77%) en in West-Afrika (-0,22%).

Leiders. De overheidsuitgaven van Zuidelijk Afrika in de jaren 1980 bestond uit: Zuid-Afrika (93,0%), Namibië (3,1%), Botswana (2,0%), Swaziland (0,95%), Lesotho (0,94%). Het aandeel van de overheidsuitgaven in BBP van de leiders: Lesotho (36,6%), Botswana (24,1%), Namibië (21,6%), Swaziland (17,4%) en Zuid-Afrika (17,2%). De overheidsuitgaven per hoofd in Zuidelijk Afrika onder de leiders: Zuid-Afrika ($442,8), Namibië ($391,3), Botswana ($292,8), Swaziland ($211,0) en Lesotho ($96,0). De groei van de overheidsuitgaven onder de leiders: Botswana (15,7%), Lesotho (4,8%), Zuid-Afrika (4,1%), Namibië (3,2%) en Swaziland (1,2%).

de jaren 1990

De overheidsuitgaven van Zuidelijk Afrika bedroeg in de jaren 1990 US$29,4 miljard per jaar, en was vergelijkbaar met Noorwegen (US$29,7 miljard). Het aandeel in de wereld was 0,63%, en 33,0% in Afrika.

Het aandeel van de overheidsuitgaven in het BBP van Zuidelijk Afrika was 19,6% in de jaren 1990, en was vergelijkbaar met Bahrein (19,6%), Noord-Europa (19,7%), Polen (19,5%).

De overheidsuitgaven per hoofd in Zuidelijk Afrika was $631,1 in de jaren 1990s, en was vergelijkbaar met Polen (US$640,8). De overheidsuitgaven per hoofd in Zuidelijk Afrika was 23,5% lager dan de overheidsuitgaven per hoofd van de bevolking in de wereld ($824,8), en was in 5,0 keer hoger dan de overheidsuitgaven per hoofd van de bevolking in Afrika ($824,8).

De groei van de overheidsuitgaven in Zuidelijk Afrika bedroeg 1% in de jaren 1990. De groei van de overheidsuitgaven in Zuidelijk Afrika (1,0%) was minder dan de groei van de overheidsuitgaven in de wereld (2,0%), was minder dan de groei van de overheidsuitgaven in Afrika (1,6%).

Vergelijking met subregio's. De overheidsuitgaven van Zuidelijk Afrika was groter dan in Oost-Afrika (US$10,8 miljard), in Centraal-Afrika (US$9,1 miljard) en in West-Afrika (US$8,1 miljard); maar minder dan in Noord-Afrika (US$31,8 miljard). De overheidsuitgaven per hoofd in Zuidelijk Afrika was in Zuidelijk Afrika groter dan in Noord-Afrika (US$199,4), in Centraal-Afrika (US$111,0), in Oost-Afrika (US$49,9) en in West-Afrika (US$39,8). De groei van de overheidsuitgaven in Zuidelijk Afrika was groter dan in Centraal-Afrika (-0,32%); maar minder dan in Noord-Afrika (2,5%), in Oost-Afrika (2,5%) en in West-Afrika (1,2%).

Leiders. De overheidsuitgaven van Zuidelijk Afrika in de jaren 1990 bestond uit: Zuid-Afrika (90,9%), Botswana (4,2%), Namibië (3,0%), Swaziland (0,94%), Lesotho (0,89%). Het aandeel van de overheidsuitgaven in BBP van de leiders: Lesotho (32,5%), Botswana (27,6%), Namibië (25,0%), Zuid-Afrika (19,2%) en Swaziland (17,0%). De overheidsuitgaven per hoofd in Zuidelijk Afrika onder de leiders: Botswana ($852,2), Zuid-Afrika ($656,1), Namibië ($555,6), Swaziland ($301,8) en Lesotho ($140,2). De groei van de overheidsuitgaven onder de leiders: Swaziland (10,6%), Botswana (5,9%), Lesotho (5,0%), Namibië (4,3%) en Zuid-Afrika (0,61%).

de jaren 2000

De overheidsuitgaven van Zuidelijk Afrika bedroeg in de jaren 2000 US$45,2 miljard per jaar, en was vergelijkbaar met Zwitserland (US$45,5 miljard). Het aandeel in de wereld was 0,58%, en 30,2% in Afrika.

Het aandeel van de overheidsuitgaven in het BBP van Zuidelijk Afrika was 19,0% in de jaren 2000, en was vergelijkbaar met Letland (19,0%), Zuid-Europa (18,9%), Brazilië (19,1%).

De overheidsuitgaven per hoofd in Zuidelijk Afrika was $830,5 in de jaren 2000s, en was vergelijkbaar met Venezuela (US$830,1), Chili (US$828,0), Grenada (US$833,1). De overheidsuitgaven per hoofd in Zuidelijk Afrika was 30,8% lager dan de overheidsuitgaven per hoofd van de bevolking in de wereld ($1.200,9), en was in 5,0 keer hoger dan de overheidsuitgaven per hoofd van de bevolking in Afrika ($1.200,9).

De groei van de overheidsuitgaven in Zuidelijk Afrika bedroeg 4.5% in de jaren 2000, en was vergelijkbaar met Guatemala (4,5%), Oost-Timor (4,5%). De groei van de overheidsuitgaven in Zuidelijk Afrika (4,5%) was groter dan de groei van de overheidsuitgaven in de wereld (3,1%), was minder dan de groei van de overheidsuitgaven in Afrika (5,0%).

Vergelijking met subregio's. De overheidsuitgaven van Zuidelijk Afrika was groter dan in West-Afrika (US$22,2 miljard), in Oost-Afrika (US$16,4 miljard) en in Centraal-Afrika (US$13,7 miljard); maar minder dan in Noord-Afrika (US$52,0 miljard). De overheidsuitgaven per hoofd in Zuidelijk Afrika was in Zuidelijk Afrika groter dan in Noord-Afrika (US$273,2), in Centraal-Afrika (US$123,1), in West-Afrika (US$83,5) en in Oost-Afrika (US$57,6). De groei van de overheidsuitgaven in Zuidelijk Afrika was groter dan in Noord-Afrika (3,6%) en in Centraal-Afrika (2,0%); maar minder dan in West-Afrika (12,3%) en in Oost-Afrika (5,2%).

Leiders. De overheidsuitgaven van Zuidelijk Afrika in de jaren 2000 bestond uit: Zuid-Afrika (91,0%), Botswana (3,9%), Namibië (3,1%), Lesotho (1,0%), Swaziland (1,0%). Het aandeel van de overheidsuitgaven in BBP van de leiders: Lesotho (36,3%), Namibië (22,1%), Botswana (20,4%), Zuid-Afrika (18,7%) en Swaziland (17,6%). De overheidsuitgaven per hoofd in Zuidelijk Afrika onder de leiders: Botswana ($972,5), Zuid-Afrika ($863,0), Namibië ($720,3), Swaziland ($451,8) en Lesotho ($232,7). De groei van de overheidsuitgaven onder de leiders: Swaziland (5,3%), Zuid-Afrika (4,6%), Lesotho (4,6%), Namibië (4,0%) en Botswana (1,3%).

de jaren 2010

De overheidsuitgaven van Zuidelijk Afrika bedroeg in de jaren 2010 US$82,0 miljard per jaar, en was vergelijkbaar met Oostenrijk (US$83,0 miljard). Het aandeel in de wereld was 0,63%, en 25,0% in Afrika.

Het aandeel van de overheidsuitgaven in het BBP van Zuidelijk Afrika was 20,8% in de jaren 2010, en was vergelijkbaar met Djibouti (20,8%), Afghanistan (20,9%), Canada (20,9%).

De overheidsuitgaven per hoofd in Zuidelijk Afrika was $1.311,7 in de jaren 2010s, en was vergelijkbaar met Bulgarije (US$1.300,0), de Caraïben (US$1.326,5). De overheidsuitgaven per hoofd in Zuidelijk Afrika was 26,5% lager dan de overheidsuitgaven per hoofd van de bevolking in de wereld ($1.785,1), en was in 4,7 keer hoger dan de overheidsuitgaven per hoofd van de bevolking in Afrika ($1.785,1).

De groei van de overheidsuitgaven in Zuidelijk Afrika bedroeg 2.1% in de jaren 2010, en was vergelijkbaar met Kaapverdië (2,1%). De groei van de overheidsuitgaven in Zuidelijk Afrika (2,1%) was minder dan de groei van de overheidsuitgaven in de wereld (2,3%), was minder dan de groei van de overheidsuitgaven in Afrika (3,0%).

Vergelijking met subregio's. De overheidsuitgaven van Zuidelijk Afrika was 48,0% groter dan in West-Afrika (US$55,4 miljard), 98,7% groter dan in Oost-Afrika (US$41,3 miljard) en 2,4 keer groter dan in Centraal-Afrika (US$34,5 miljard); maar 28,8% minder dan in Noord-Afrika (US$115,2 miljard). De overheidsuitgaven per hoofd in Zuidelijk Afrika was in Zuidelijk Afrika2,5 keer groter dan in Noord-Afrika (US$520,4), 5,8 keer groter dan in Centraal-Afrika (US$226,6), 8,2 keer groter dan in West-Afrika (US$159,2) en 12,2 keer groter dan in Oost-Afrika (US$107,4). De groei van de overheidsuitgaven in Zuidelijk Afrika was minder dan in Oost-Afrika (7,4%), in Noord-Afrika (2,7%), in West-Afrika (2,3%) en in Centraal-Afrika (2,3%).

Leiders. De overheidsuitgaven van Zuidelijk Afrika in de jaren 2010 bestond uit: Zuid-Afrika (90,2%), Namibië (3,9%), Botswana (3,7%), Swaziland (1,2%), Lesotho (1,1%). Het aandeel van de overheidsuitgaven in BBP van de leiders: Lesotho (36,8%), Namibië (26,1%), Swaziland (21,3%), Zuid-Afrika (20,6%) en Botswana (18,9%). De overheidsuitgaven per hoofd in Zuidelijk Afrika onder de leiders: Botswana ($1.410,2), Namibië ($1.383,5), Zuid-Afrika ($1.346,6), Swaziland ($866,2) en Lesotho ($435,9). De groei van de overheidsuitgaven onder de leiders: Botswana (6,1%), Namibië (3,1%), Lesotho (2,5%), Swaziland (2,3%) en Zuid-Afrika (1,9%).

Hoofdstuk XIII. Huishoudelijke uitgaven

Consumptieve bestedingen van de huishoudens

De huishoudelijke uitgaven van Zuidelijk Afrika steeg van US$20,5 miljard per jaar in de jaren 1970 tot US$236,2 miljard per jaar in de jaren 2010, dat wil zeggen met US$215,7 miljard of 11,5 keer. De verandering vond plaats op US$164,1 miljard als gevolg van een 3,3-voudige stijging van de prijzen, en ook op US$26,8 miljard als gevolg van een 1,6-voudige toename van het tarief per hoofd , evenals op US$24,9 miljard als gevolg van de toename van de bevolking. De gemiddelde jaarlijkse groei van de huishoudelijke uitgaven is 3,2%. De minimumwaarde van de huishoudelijke uitgaven bedroeg US$11,6 miljard in 1970. De maximumwaarde van de huishoudelijke uitgaven bedroeg US$269,6 miljard in 2011.

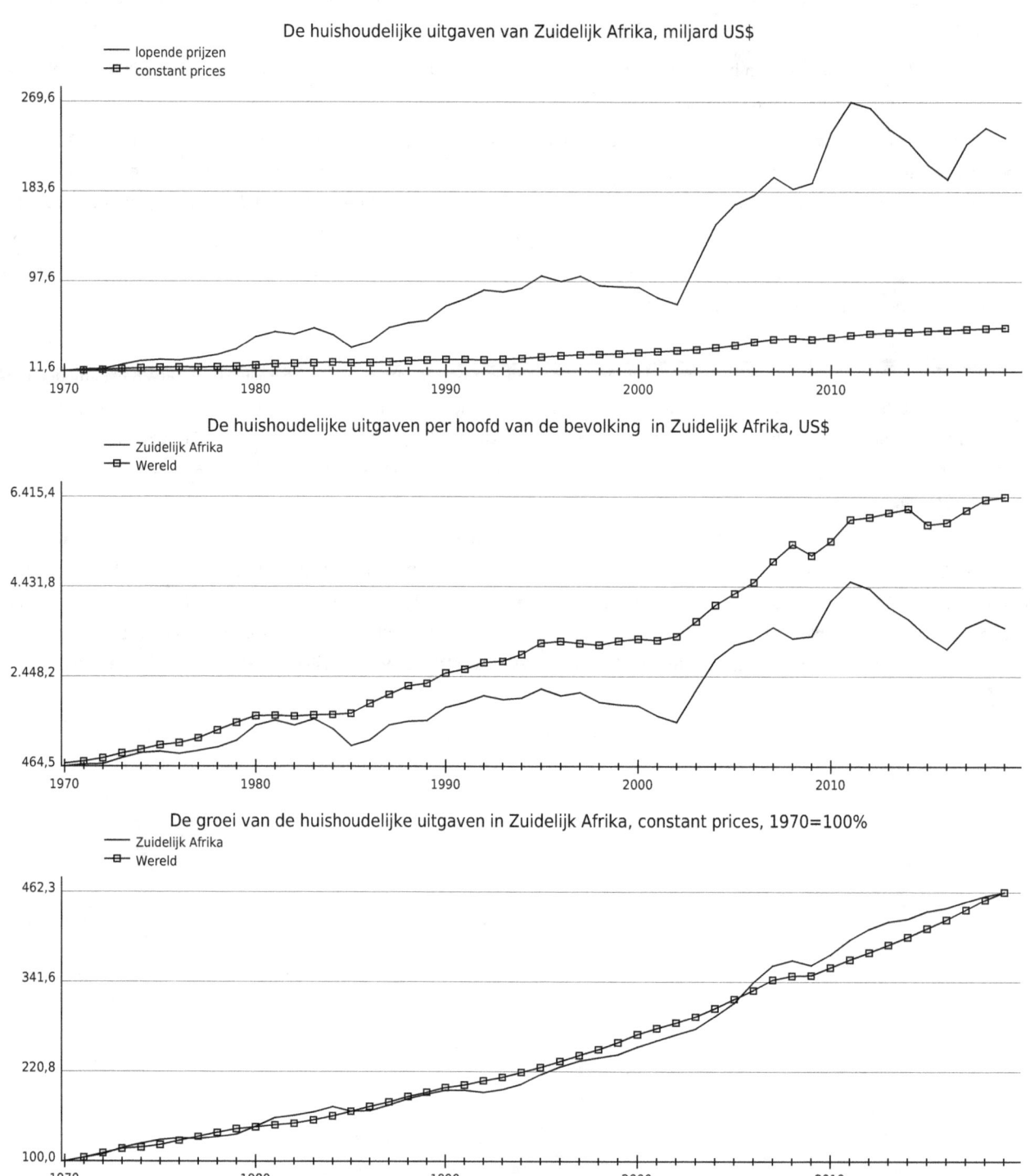

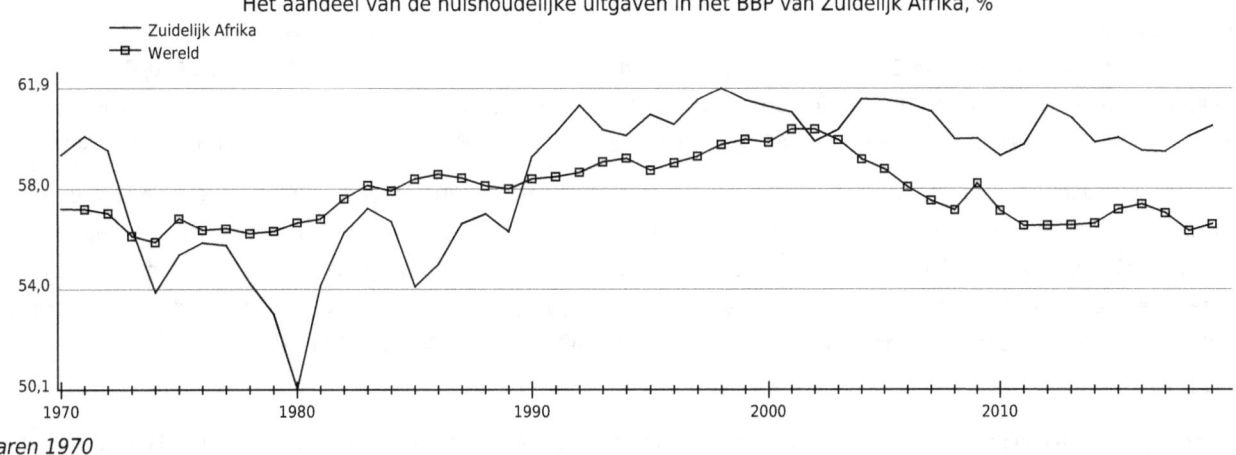

Het aandeel van de huishoudelijke uitgaven in het BBP van Zuidelijk Afrika, %

de jaren 1970

De huishoudelijke uitgaven van Zuidelijk Afrika bedroeg in de jaren 1970 US$20,5 miljard per jaar. Het aandeel in de wereld was 0,55%, en 18,4% in Afrika.

Het aandeel van de huishoudelijke uitgaven in het BBP van Zuidelijk Afrika was 55,6% in de jaren 1970, en was vergelijkbaar met West-Europa (55,7%), Mongolië (55,3%), Europa (55,3%).

De huishoudelijke uitgaven per hoofd in Zuidelijk Afrika was $725,1 in de jaren 1970s, en was vergelijkbaar met Gabon (US$733,4), de Cookeilanden (US$713,4), Zuid-Amerika (US$742,2). De huishoudelijke uitgaven per hoofd in Zuidelijk Afrika was 20,7% lager dan de huishoudelijke uitgaven per hoofd van de bevolking in de wereld ($914,8), en was in 2,7 keer hoger dan de huishoudelijke uitgaven per hoofd van de bevolking in Afrika ($914,8).

De groei van de huishoudelijke uitgaven in Zuidelijk Afrika bedroeg 3.5% in de jaren 1970, en was vergelijkbaar met Sierra Leone (3,5%), Zimbabwe (3,5%). De groei van de huishoudelijke uitgaven in Zuidelijk Afrika (3,5%) was minder dan de groei van de huishoudelijke uitgaven in de wereld (4,1%), was minder dan de groei van de huishoudelijke uitgaven in Afrika (4,1%).

Vergelijking met subregio's. De huishoudelijke uitgaven van Zuidelijk Afrika was groter dan in Centraal-Afrika (US$12,6 miljard); maar minder dan in Noord-Afrika (US$31,5 miljard), in Oost-Afrika (US$23,8 miljard) en in West-Afrika (US$22,8 miljard). De huishoudelijke uitgaven per hoofd in Zuidelijk Afrika was in Zuidelijk Afrika groter dan in Noord-Afrika (US$326,5), in Centraal-Afrika (US$276,6), in Oost-Afrika (US$197,3) en in West-Afrika (US$191,4). De groei van de huishoudelijke uitgaven in Zuidelijk Afrika was groter dan in Oost-Afrika (2,9%) en in Centraal-Afrika (1,4%); maar minder dan in Noord-Afrika (6,2%) en in West-Afrika (4,2%).

Leiders. De huishoudelijke uitgaven van Zuidelijk Afrika in de jaren 1970 bestond uit: Zuid-Afrika (94,0%), Namibië (3,2%), Lesotho (1,0%), Swaziland (0,91%), Botswana (0,88%). Het aandeel van de huishoudelijke uitgaven in BBP van de leiders: Lesotho (126,2%), Botswana (67,4%), Namibië (62,8%), Zuid-Afrika (55,0%) en Swaziland (53,0%). De huishoudelijke uitgaven per hoofd in Zuidelijk Afrika onder de leiders: Zuid-Afrika ($772,4), Namibië ($696,9), Swaziland ($377,0), Botswana ($245,5) en Lesotho ($183,3). De groei van de huishoudelijke uitgaven onder de leiders: Botswana (11,1%), Swaziland (10,7%), Lesotho (9,4%), Namibië (3,8%) en Zuid-Afrika (3,3%).

de jaren 1980

De huishoudelijke uitgaven van Zuidelijk Afrika bedroeg in de jaren 1980 US$48,5 miljard per jaar. Het aandeel in de wereld was 0,56%, en 18,0% in Afrika.

Het aandeel van de huishoudelijke uitgaven in het BBP van Zuidelijk Afrika was 55,4% in de jaren 1980, en was vergelijkbaar met Israël (55,1%), Cuba (55,1%), Melanesië (55,9%).

De huishoudelijke uitgaven per hoofd in Zuidelijk Afrika was $1.323,0 in de jaren 1980s, en was vergelijkbaar met Colombia (US$1.337,1), de Cookeilanden (US$1.347,8), Zuid-Amerika (US$1.294,7). De huishoudelijke uitgaven per hoofd in Zuidelijk Afrika was 26,8% lager dan de huishoudelijke uitgaven per hoofd van de bevolking in de wereld ($1.808,0), en was in 2,7 keer hoger dan de huishoudelijke uitgaven per hoofd van de bevolking in Afrika ($1.808,0).

De groei van de huishoudelijke uitgaven in Zuidelijk Afrika bedroeg 3.4% in de jaren 1980, en was vergelijkbaar met Albanië (3,4%), Zuid-Afrika (3,4%), Angola (3,4%). De groei van de huishoudelijke uitgaven in Zuidelijk Afrika (3,4%) was groter dan de groei van de huishoudelijke uitgaven in de wereld (3,0%), was groter dan de groei van de huishoudelijke uitgaven in Afrika (2,3%).

Vergelijking met subregio's. De huishoudelijke uitgaven van Zuidelijk Afrika was groter dan in Oost-Afrika (US$45,7 miljard) en in Centraal-Afrika (US$22,7 miljard); maar minder dan in Noord-Afrika (US$80,8 miljard) en in West-Afrika (US$72,0 miljard). De huishoudelijke uitgaven per hoofd in Zuidelijk Afrika was in Zuidelijk Afrika groter dan in Noord-Afrika (US$640,4), in West-Afrika (US$460,7), in Centraal-Afrika (US$376,3) en in Oost-Afrika (US$281,2). De groei van de huishoudelijke uitgaven in Zuidelijk Afrika was groter dan in Centraal-Afrika (3,1%), in Oost-Afrika (3,0%) en in West-Afrika (-0,82%); maar minder dan in Noord-Afrika (4,5%).

Leiders. De huishoudelijke uitgaven van Zuidelijk Afrika in de jaren 1980 bestond uit: Zuid-Afrika (93,5%), Namibië (2,9%), Swaziland (1,3%), Botswana (1,2%), Lesotho (1,1%). Het aandeel van de huishoudelijke uitgaven in BBP van de leiders: Lesotho (141,1%), Swaziland (74,1%), Namibië (65,4%), Zuid-Afrika (54,7%) en Botswana (44,0%). De huishoudelijke uitgaven per hoofd in Zuidelijk Afrika onder de leiders: Zuid-Afrika ($1.407,5), Namibië ($1.186,7), Swaziland ($899,9), Botswana ($534,8) en Lesotho ($369,8). De groei van de huishoudelijke uitgaven onder de leiders: Botswana (6,1%), Swaziland (5,7%), Zuid-Afrika (3,4%), Lesotho (2,5%) en Namibië (2,3%).

de jaren 1990

De huishoudelijke uitgaven van Zuidelijk Afrika bedroeg in de jaren 1990 US$91,2 miljard per jaar. Het aandeel in de wereld was 0,54%, en 24,2% in Afrika.

Het aandeel van de huishoudelijke uitgaven in het BBP van Zuidelijk Afrika was 60,7% in de jaren 1990, en was vergelijkbaar met Zuid-Europa (60,6%), Andorra (60,9%), Spanje (60,9%).

De huishoudelijke uitgaven per hoofd in Zuidelijk Afrika was $1.953,8 in de jaren 1990s, en was vergelijkbaar met Panama (US$1.980,4), Grenada (US$1.925,2), Tonga (US$1.923,0). De huishoudelijke uitgaven per hoofd in Zuidelijk Afrika was 34,1% lager dan de huishoudelijke uitgaven per hoofd van de bevolking in de wereld ($2.963,9), en was in 3,7 keer hoger dan de huishoudelijke uitgaven per hoofd van de bevolking in Afrika ($2.963,9).

De groei van de huishoudelijke uitgaven in Zuidelijk Afrika bedroeg 2.5% in de jaren 1990, en was vergelijkbaar met Bangladesh (2,5%), Armenië (2,5%), Koeweit (2,5%). De groei van de huishoudelijke uitgaven in Zuidelijk Afrika (2,5%) was minder dan de groei van de huishoudelijke uitgaven in de wereld (3,0%), was minder dan de groei van de huishoudelijke uitgaven in Afrika (2,6%).

Vergelijking met subregio's. De huishoudelijke uitgaven van Zuidelijk Afrika was groter dan in West-Afrika (US$69,6 miljard), in Oost-Afrika (US$52,5 miljard) en in Centraal-Afrika (US$28,1 miljard); maar minder dan in Noord-Afrika (US$136,0 miljard). De huishoudelijke uitgaven per hoofd in Zuidelijk Afrika was in Zuidelijk Afrika groter dan in Noord-Afrika (US$851,7), in Centraal-Afrika (US$341,9), in West-Afrika (US$341,8) en in Oost-Afrika (US$242,8). De groei van de huishoudelijke uitgaven in Zuidelijk Afrika was groter dan in Centraal-Afrika (-1,2%); maar minder dan in Noord-Afrika (3,2%), in West-Afrika (3,1%) en in Oost-Afrika (2,9%).

Leiders. De huishoudelijke uitgaven van Zuidelijk Afrika in de jaren 1990 bestond uit: Zuid-Afrika (93,4%), Namibië (2,3%), Botswana (1,8%), Swaziland (1,4%), Lesotho (1,0%). Het aandeel van de huishoudelijke uitgaven in BBP van de leiders: Lesotho (118,3%), Swaziland (80,1%), Zuid-Afrika (60,9%), Namibië (59,7%) en Botswana (37,2%). De huishoudelijke uitgaven per hoofd in Zuidelijk Afrika onder de leiders: Zuid-Afrika ($2.085,3), Swaziland ($1.426,8), Namibië ($1.328,0), Botswana ($1.148,9) en Lesotho ($510,3). De groei van de huishoudelijke uitgaven onder de leiders: Swaziland (8,2%), Botswana (6,6%), Lesotho (2,6%), Zuid-Afrika (2,4%) en Namibië (1,7%).

de jaren 2000

De huishoudelijke uitgaven van Zuidelijk Afrika bedroeg in de jaren 2000 US$144,6 miljard per jaar. Het aandeel in de wereld was 0,53%, en 21,7% in Afrika.

Het aandeel van de huishoudelijke uitgaven in het BBP van Zuidelijk Afrika was 60,7% in de jaren 2000, en was vergelijkbaar met Oekraïne (60,6%), Nigeria (60,9%), Letland (60,5%).

De huishoudelijke uitgaven per hoofd in Zuidelijk Afrika was $2.657,3 in de jaren 2000s, en was vergelijkbaar met Bulgarije (US$2,6 duizend), de Dominicaanse Republiek (US$2,6 duizend). De huishoudelijke uitgaven per hoofd in Zuidelijk Afrika was 36,9% lager dan de huishoudelijke uitgaven per hoofd van de bevolking in de wereld ($4.208,2), en was in 3,6 keer hoger dan de huishoudelijke uitgaven per hoofd van de bevolking in Afrika ($4.208,2).

De groei van de huishoudelijke uitgaven in Zuidelijk Afrika bedroeg 4.1% in de jaren 2000. De groei van de huishoudelijke uitgaven in Zuidelijk Afrika (4,1%) was groter dan de groei van de huishoudelijke uitgaven in de wereld (3,0%), was minder dan de groei van de huishoudelijke uitgaven in Afrika (6,0%).

Vergelijking met subregio's. De huishoudelijke uitgaven van Zuidelijk Afrika was groter dan in Oost-Afrika (US$89,6 miljard) en in Centraal-Afrika (US$49,1 miljard); maar minder dan in Noord-Afrika (US$209,4 miljard) en in West-Afrika (US$174,5 miljard). De huishoudelijke uitgaven per hoofd in Zuidelijk Afrika was in Zuidelijk Afrika groter dan in Noord-Afrika (US$1.099,8), in West-Afrika (US$658,0), in Centraal-Afrika (US$442,5) en in Oost-Afrika (US$313,8). De groei van de huishoudelijke uitgaven in Zuidelijk Afrika was minder dan in West-Afrika (8,3%), in Oost-Afrika (5,9%), in Centraal-Afrika (5,3%) en in Noord-Afrika (4,8%).

Leiders. De huishoudelijke uitgaven van Zuidelijk Afrika in de jaren 2000 bestond uit: Zuid-Afrika (92,6%), Namibië (2,7%), Botswana (2,4%), Swaziland (1,4%), Lesotho (0,92%). Het aandeel van de huishoudelijke uitgaven in BBP van de leiders: Lesotho (103,3%), Swaziland (74,9%), Namibië (62,4%), Zuid-Afrika (61,1%) en Botswana (40,3%). De huishoudelijke uitgaven per hoofd in Zuidelijk Afrika onder de leiders: Zuid-Afrika ($2.810,1), Namibië ($2.035,0), Swaziland ($1.926,1), Botswana ($1.920,7) en Lesotho ($661,8). De groei van de huishoudelijke uitgaven onder de leiders: Botswana (6,7%), Namibië (6,5%), Swaziland (5,3%), Zuid-Afrika (3,9%) en Lesotho (2,4%).

de jaren 2010

De huishoudelijke uitgaven van Zuidelijk Afrika bedroeg in de jaren 2010 US$236,2 miljard per jaar, en was vergelijkbaar met Iran (US$231,5 miljard). Het aandeel in de wereld was 0,54%, en 15,6% in Afrika.

Het aandeel van de huishoudelijke uitgaven in het BBP van Zuidelijk Afrika was 60,0% in de jaren 2010, en was vergelijkbaar met Turkije (60,1%), Zuid-Afrika (59,9%), Kroatië (59,8%).

De huishoudelijke uitgaven per hoofd in Zuidelijk Afrika was $3.778,8 in de jaren 2010s, en was vergelijkbaar met Samoa (US$3,8 duizend), de Maldiven (US$3,7 duizend), Botswana (US$3,7 duizend). De huishoudelijke uitgaven per hoofd in Zuidelijk Afrika was 37,2% lager dan de huishoudelijke uitgaven per hoofd van de bevolking in de wereld ($6.018,5), en was in 2,9 keer hoger dan de huishoudelijke uitgaven per hoofd van de bevolking in Afrika ($6.018,5).

De groei van de huishoudelijke uitgaven in Zuidelijk Afrika bedroeg 2.4% in de jaren 2010, en was vergelijkbaar met Noorwegen (2,4%), Nicaragua (2,4%). De groei van de huishoudelijke uitgaven in Zuidelijk Afrika (2,4%) was minder dan de groei van de huishoudelijke uitgaven in de wereld (2,8%), was minder dan de groei van de huishoudelijke uitgaven in Afrika (3,3%).

Vergelijking met subregio's. De huishoudelijke uitgaven van Zuidelijk Afrika was 4,1% groter dan in Oost-Afrika (US$226,8 miljard) en 85,9% groter dan in Centraal-Afrika (US$127,0 miljard); maar 49,9% minder dan in West-Afrika (US$471,3 miljard) en 47,4% minder dan in Noord-Afrika (US$449,1 miljard). De huishoudelijke uitgaven per hoofd in Zuidelijk Afrika was in Zuidelijk Afrika86,3% groter dan in Noord-Afrika (US$2,0 duizend), 2,8 keer groter dan in West-Afrika (US$1.354,7), 4,5 keer groter dan in Centraal-Afrika (US$834,3) en 6,4 keer groter dan in Oost-Afrika (US$590,4). De groei van de huishoudelijke uitgaven in Zuidelijk Afrika was groter dan in West-Afrika (2,0%); maar minder dan in Oost-Afrika (5,4%), in Centraal-Afrika (4,4%) en in Noord-Afrika (3,7%).

Leiders. De huishoudelijke uitgaven van Zuidelijk Afrika in de jaren 2010 bestond uit: Zuid-Afrika (90,9%), Namibië (3,5%), Botswana (3,3%), Swaziland (1,3%), Lesotho (0,90%). Het aandeel van de huishoudelijke uitgaven in BBP van de leiders: Lesotho (87,9%), Swaziland (69,9%), Namibië (68,1%), Zuid-Afrika (59,9%) en Botswana (49,5%). De huishoudelijke uitgaven per hoofd in Zuidelijk Afrika onder de leiders: Zuid-Afrika ($3.910,8), Botswana ($3.690,8), Namibië ($3.605,5), Swaziland ($2.842,3) en Lesotho ($1.039,7). De groei van de huishoudelijke uitgaven onder de leiders: Namibië (4,6%), Botswana (4,6%), Zuid-Afrika (2,3%), Lesotho (1,2%) en Swaziland (0,57%).

Hoofdstuk XIV. Voedsel consumptie

Tijdens de onderzoeksperiode groeide de voedselconsumptie in noten (in 6,6 keer), plantaardige oliën (met 88,2%), eieren (met 84,9%), specerijen (met 66,2%), vlees (met 64,2%), zetmeelrijke wortels (met 53,1%), stimulerende middelen (met 25,0%), fruit (met 21,4%), alcoholische dranken (met 18,7%), maar daalde in granen (met 1,4%), groenten (met 3,6%), suiker (met 17,3%), peulvruchten (met 26,4%), melk (met 35,7%), vis (met 42,3%).

Dit zijn de correlatiecoëfficiënten tussen het bni per hoofd van de bevolking in constante prijzen en de voedselconsumptie: eieren (0.997), zetmeelrijke wortels (0.98), vlees (0.973), plantaardige oliën (0.946), noten (0.945), specerijen (0.898), fruit (0.835), stimulerende middelen (0.643), alcoholische dranken (0.144), granen (-0.513), groenten (-0.528), melk (-0.615), suiker (-0.652), vis (-0.978), peulvruchten (-0.984).

de jaren 1970

De consumptie van kcal in Zuidelijk Afrika was 2.768,0 kcal/hoofd/dag in the 1970s, and was on a par with Japan (2.759,8 kcal/hoofd/dag), Amerika (2.754,7 kcal/hoofd/dag), Zuidwest-Azië (2.789,8 kcal/hoofd/dag). De consumptie van kcal in Zuidelijk Afrika was groter dan in de wereld (2.403,2 kcal/hoofd/dag), en was groter dan in Afrika (2.120,4 kcal/hoofd/dag). De structuur van de consumptie: granen (54.3%), suiker (14.1%), vlees (7.5%), plantaardige oliën (6%), melk (4.3%), en anderen (13.8%).

De consumptie van eiwitten in Zuidelijk Afrika was 73,8 g/hoofd/dag in the 1970s, and was on a par with Albanië (73,9 g/hoofd/dag), Cyprus (74,2 g/hoofd/dag). De consumptie van eiwitten in Zuidelijk Afrika was groter dan in de wereld (65,0 g/hoofd/dag), en was groter dan in Afrika (54,9 g/hoofd/dag). De structuur van de consumptie: granen (55.5%), vlees (17.8%), melk (8.6%), vis (4.2%), peulvruchten (3.4%), en anderen (10.5%).

De consumptie van vet in Zuidelijk Afrika was 61,3 g/hoofd/dag in the 1970s. De consumptie van vet in Zuidelijk Afrika was groter dan in de wereld (55,1 g/hoofd/dag), en was groter dan in Afrika (43,8 g/hoofd/dag). De structuur van de consumptie: plantaardige oliën (30.4%), vlees (27.2%), granen (18.1%), melk (9.8%), eieren (1.6%), en anderen (12.9%).

Dit zijn niveaus van voedselconsumptie: granen (177,6 kg/hoofd/jr), melk (80,5 kg/hoofd/jr), alcoholische dranken (57,5 kg/hoofd/jr), groenten (44,5 kg/hoofd/jr), suiker (40,2 kg/hoofd/jr), vlees (34,4 kg/hoofd/jr), fruit (30,7 kg/hoofd/jr), zetmeelrijke wortels (25,6 kg/hoofd/jr), vis (8,8 kg/hoofd/jr), plantaardige oliën (6,8 kg/hoofd/jr), peulvruchten (4,1 kg/hoofd/jr), eieren (3,5 kg/hoofd/jr), stimulerende middelen (1,5 kg/hoofd/jr), specerijen (0,38 kg/hoofd/jr), noten (0,063 kg/hoofd/jr).

de jaren 1980

De consumptie van kcal in Zuidelijk Afrika was 2.786,0 kcal/hoofd/dag in the 1980s, and was on a par with Macau (2.786,1 kcal/hoofd/dag), Ivoorkust (2.799,8 kcal/hoofd/dag), Saoedi-Arabië (2.772,2 kcal/hoofd/dag). De consumptie van kcal in Zuidelijk Afrika was groter dan in de wereld (2.572,3 kcal/hoofd/dag), en was groter dan in Afrika (2.241,9 kcal/hoofd/dag). De structuur van de consumptie: granen (53.9%), suiker (13.3%), vlees (7.3%), plantaardige oliën (7.1%), alcoholische dranken (5.2%), en anderen (13.2%).

De consumptie van eiwitten in Zuidelijk Afrika was 72,7 g/hoofd/dag in the 1980s, and was on a par with Cuba (72,7 g/hoofd/dag), Noord-Korea (72,5 g/hoofd/dag), Gabon (72,5 g/hoofd/dag). De consumptie van eiwitten in Zuidelijk Afrika was groter dan in de wereld (69,1 g/hoofd/dag), en was groter dan in Afrika (57,5 g/hoofd/dag). De structuur van de consumptie: granen (56.4%), vlees (18.4%), melk (7.2%), peulvruchten (3.4%), vis (3.4%), en anderen (11.2%).

De consumptie van vet in Zuidelijk Afrika was 62,8 g/hoofd/dag in the 1980s, and was on a par with de Caraïben (63,1 g/hoofd/dag), de Wereld (63,2 g/hoofd/dag), Panama (63,2 g/hoofd/dag). De consumptie van vet in Zuidelijk Afrika was minder dan in de wereld (63,2 g/hoofd/dag), en was groter dan in Afrika (46,6 g/hoofd/dag). De structuur van de consumptie: plantaardige oliën (35.4%), vlees (25.6%), granen (17.4%), melk (8.3%), eieren (1.8%), en anderen (11.5%).

Dit zijn niveaus van voedselconsumptie: granen (177,3 kg/hoofd/jr), alcoholische dranken (75,8 kg/hoofd/jr), melk (65,4 kg/hoofd/jr), groenten (46,2 kg/hoofd/jr), suiker (38,1 kg/hoofd/jr), vlees (34,7 kg/hoofd/jr), fruit (32,6 kg/hoofd/jr), zetmeelrijke wortels (28,1 kg/hoofd/jr), vis (8,5 kg/hoofd/jr), plantaardige oliën (8,1 kg/hoofd/jr), eieren (4,1 kg/hoofd/jr), peulvruchten (4,1 kg/hoofd/jr), stimulerende middelen (1,3 kg/hoofd/jr), specerijen (0,39 kg/hoofd/jr), noten (0,087 kg/hoofd/jr).

de jaren 1990

De consumptie van kcal in Zuidelijk Afrika was 2.744,3 kcal/hoofd/dag in the 1990s, and was on a par with Costa Rica (2.743,6 kcal/hoofd/dag), Uruguay (2.747,0 kcal/hoofd/dag), Bosnië en Herzegovina (2.751,1 kcal/hoofd/dag). De consumptie van kcal in Zuidelijk Afrika was groter dan in de wereld (2.652,6 kcal/hoofd/dag), en was groter dan in Afrika (2.365,6 kcal/hoofd/dag). De structuur van de consumptie: granen (54.5%), suiker (11.7%), plantaardige oliën (8.7%), vlees (7.3%), alcoholische dranken (5.1%), en anderen (12.7%).

De consumptie van eiwitten in Zuidelijk Afrika was 72,0 g/hoofd/dag in the 1990s, and was on a par with de Wereld (72,1 g/hoofd/dag), Mauritius (71,8 g/hoofd/dag), Jordanië (71,8 g/hoofd/dag). De consumptie van eiwitten in Zuidelijk Afrika was minder dan in de wereld (72,1 g/hoofd/dag), en was groter dan in Afrika (60,1 g/hoofd/dag). De structuur van de consumptie: granen (56.1%), vlees (19.7%), melk (6.2%), peulvruchten (3.2%), vis (3.1%), en anderen (11.7%).

De consumptie van vet in Zuidelijk Afrika was 65,2 g/hoofd/dag in the 1990s, and was on a par with Iran (65,3 g/hoofd/dag), Oost-Azië (64,9 g/hoofd/dag), Colombia (64,6 g/hoofd/dag). De consumptie van vet in Zuidelijk Afrika was minder dan in de wereld (69,0 g/hoofd/dag), en was groter dan in Afrika (48,6 g/hoofd/dag). De structuur van de consumptie: plantaardige oliën (41.3%), vlees (23.6%), granen (16.4%), melk (7.2%), eieren (1.8%), en anderen (9.7%).

Dit zijn niveaus van voedselconsumptie: granen (175,6 kg/hoofd/jr), alcoholische dranken (73,7 kg/hoofd/jr), melk (53,9 kg/hoofd/jr), groenten (42,1 kg/hoofd/jr), vlees (36,7 kg/hoofd/jr), fruit (36,0 kg/hoofd/jr), suiker (33,0 kg/hoofd/jr), zetmeelrijke wortels (32,1 kg/hoofd/jr), plantaardige oliën (9,8 kg/hoofd/jr), vis (7,5 kg/hoofd/jr), eieren (4,3 kg/hoofd/jr), peulvruchten (3,9 kg/hoofd/jr), stimulerende middelen (1,1 kg/hoofd/jr), specerijen (0,34 kg/hoofd/jr), noten (0,18 kg/hoofd/jr).

de jaren 2000

De consumptie van kcal in Zuidelijk Afrika was 2.845,5 kcal/hoofd/dag in the 2000s, and was on a par with Barbados (2.847,6 kcal/hoofd/dag), Albanië (2.849,4 kcal/hoofd/dag), Georgië (2.838,9 kcal/hoofd/dag). De consumptie van kcal in Zuidelijk Afrika was groter dan in de wereld (2.765,9 kcal/hoofd/dag), en was groter dan in Afrika (2.509,9 kcal/hoofd/dag). De structuur van de consumptie: granen (53.4%), plantaardige oliën (10.7%), suiker (10.1%), vlees (8.2%), alcoholische dranken (4.5%), en anderen (13.1%).

De consumptie van eiwitten in Zuidelijk Afrika was 76,6 g/hoofd/dag in the 2000s, and was on a par with Antigua en Barbuda (76,7 g/hoofd/dag), de Wereld (76,5 g/hoofd/dag), Mongolië (76,4 g/hoofd/dag). De consumptie van eiwitten in Zuidelijk Afrika was groter dan in de wereld (76,5 g/hoofd/dag), en was groter dan in Afrika (65,1 g/hoofd/dag). De structuur van de consumptie: granen (53.1%), vlees (22.4%), melk (6.2%), peulvruchten (2.9%), vis (2.8%), en anderen (12.6%).

De consumptie van vet in Zuidelijk Afrika was 75,1 g/hoofd/dag in the 2000s, and was on a par with Venezuela (74,8 g/hoofd/dag), Gambia (75,7 g/hoofd/dag). De consumptie van vet in Zuidelijk Afrika was minder dan in de wereld (76,9 g/hoofd/dag), en was groter dan in Afrika (52,8 g/hoofd/dag). De structuur van de consumptie: plantaardige oliën (45.9%), vlees (23.6%), granen (14.2%), melk (6.7%), eieren (2%), en anderen (7.6%).

Dit zijn niveaus van voedselconsumptie: granen (178,0 kg/hoofd/jr), alcoholische dranken (66,4 kg/hoofd/jr), melk (57,3 kg/hoofd/jr), vlees (44,4 kg/hoofd/jr), groenten (40,0 kg/hoofd/jr), fruit (38,6 kg/hoofd/jr), zetmeelrijke wortels (36,0 kg/hoofd/jr), suiker (30,1 kg/hoofd/jr), plantaardige oliën (12,6 kg/hoofd/jr), vis (7,1 kg/hoofd/jr), eieren (5,5 kg/hoofd/jr), peulvruchten (3,7 kg/hoofd/jr), stimulerende middelen (1,4 kg/hoofd/jr), specerijen (0,46 kg/hoofd/jr), noten (0,41 kg/hoofd/jr).

de jaren 2010

De consumptie van kcal in Zuidelijk Afrika was 2.919,8 kcal/hoofd/dag in the 2010s, and was on a par with Centraal-Amerika (2.920,0 kcal/hoofd/dag), Barbados (2.912,5 kcal/hoofd/dag), Fiji (2.927,8 kcal/hoofd/dag). De consumptie van kcal in Zuidelijk Afrika was groter dan in de wereld (2.869,3 kcal/hoofd/dag), en was groter dan in Afrika (2.612,5 kcal/hoofd/dag). De structuur van de consumptie: granen (51.3%), suiker (10.7%), plantaardige oliën (10.6%), vlees (9.8%), alcoholische dranken (4.4%), en anderen (13.2%).

De consumptie van eiwitten in Zuidelijk Afrika was 81,4 g/hoofd/dag in the 2010s, and was on a par with Oezbekistan (81,4 g/hoofd/dag), Bulgarije (81,5 g/hoofd/dag), Centraal-Amerika (81,7 g/hoofd/dag). De consumptie van eiwitten in Zuidelijk Afrika was groter dan in de wereld (80,6 g/hoofd/dag), en was groter dan in Afrika (69,0 g/hoofd/dag). De structuur van de consumptie: granen (49.2%), vlees (26.8%), melk (6%), eieren (2.5%), peulvruchten (2.4%), en anderen (13.1%).

De consumptie van vet in Zuidelijk Afrika was 79,8 g/hoofd/dag in the 2010s, and was on a par with Colombia (79,8 g/hoofd/dag), Servië (79,9 g/hoofd/dag). De consumptie van vet in Zuidelijk Afrika was minder dan in de wereld (82,4 g/hoofd/dag), en was groter dan in Afrika (54,7 g/hoofd/dag). De structuur van de consumptie: plantaardige oliën (43.9%), vlees (26.9%), granen (13%), melk (6.8%), eieren (2.2%), en anderen (7.2%).

Dit zijn niveaus van voedselconsumptie: granen (175,2 kg/hoofd/jr), alcoholische dranken (68,3 kg/hoofd/jr), melk (59,3 kg/hoofd/jr), vlees (56,4 kg/hoofd/jr), groenten (43,0 kg/hoofd/jr), zetmeelrijke wortels (39,2 kg/hoofd/jr), fruit (37,3 kg/hoofd/jr), suiker (34,3 kg/hoofd/jr), plantaardige oliën (12,8 kg/hoofd/jr), eieren (6,5 kg/hoofd/jr), vis (6,2 kg/hoofd/jr), peulvruchten (3,3 kg/hoofd/jr), stimulerende middelen (1,9 kg/hoofd/jr), specerijen (0,64 kg/hoofd/jr), noten (0,42 kg/hoofd/jr).

Part V. Reproductie

Index van Koesjnir, (-) consumptie - (+) reproductie

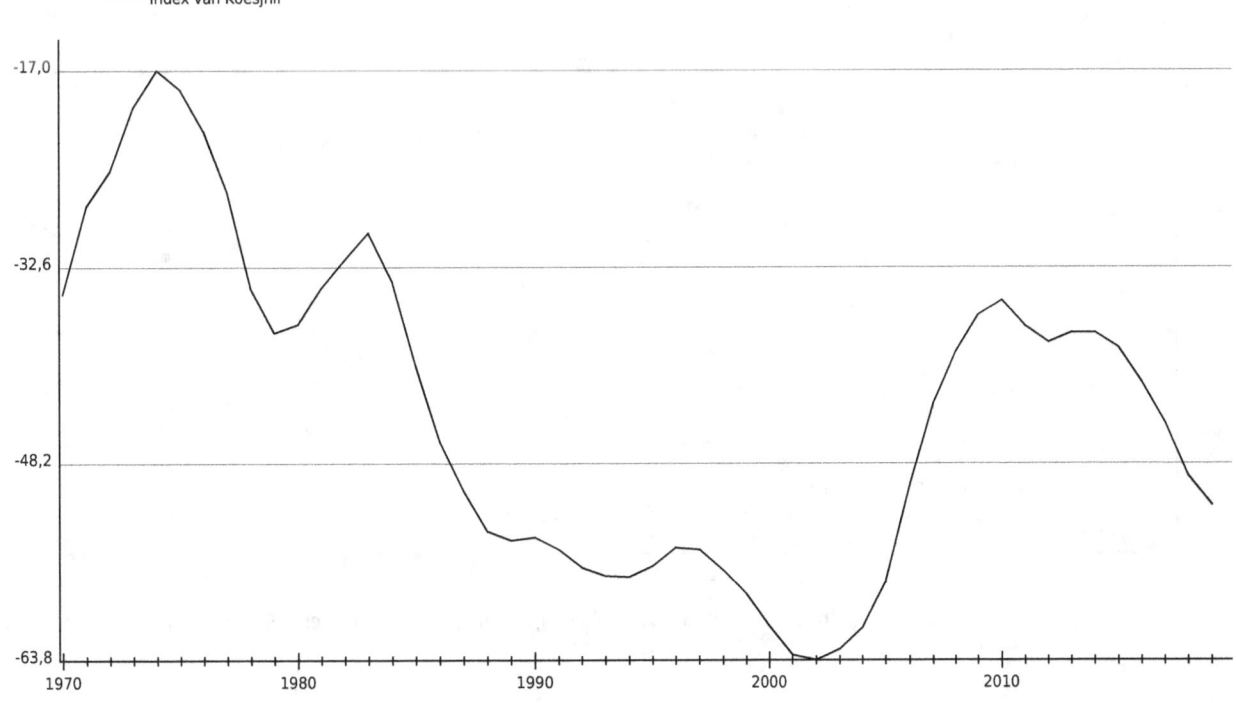

Hoofdstuk XV. Bruto-investeringen in vaste activa

De investeringen in vaste activa van Zuidelijk Afrika steeg van US$10,1 miljard per jaar in de jaren 1970 tot US$78,4 miljard per jaar in de jaren 2010, dat wil zeggen met US$68,4 miljard of 7,8 keer. De verandering vond plaats op US$48,2 miljard als gevolg van een 2,6-voudige stijging van de prijzen, en ook op US$7,9 miljard als gevolg van een 1,4-voudige toename van het tarief per hoofd , evenals op US$12,2 miljard als gevolg van de toename van de bevolking. De gemiddelde jaarlijkse groei van de investeringen in vaste activa is 2,8%. De minimumwaarde van de investeringen in vaste activa bedroeg US$4,9 miljard in 1970. De maximumwaarde van de investeringen in vaste activa bedroeg US$88,7 miljard in 2011.

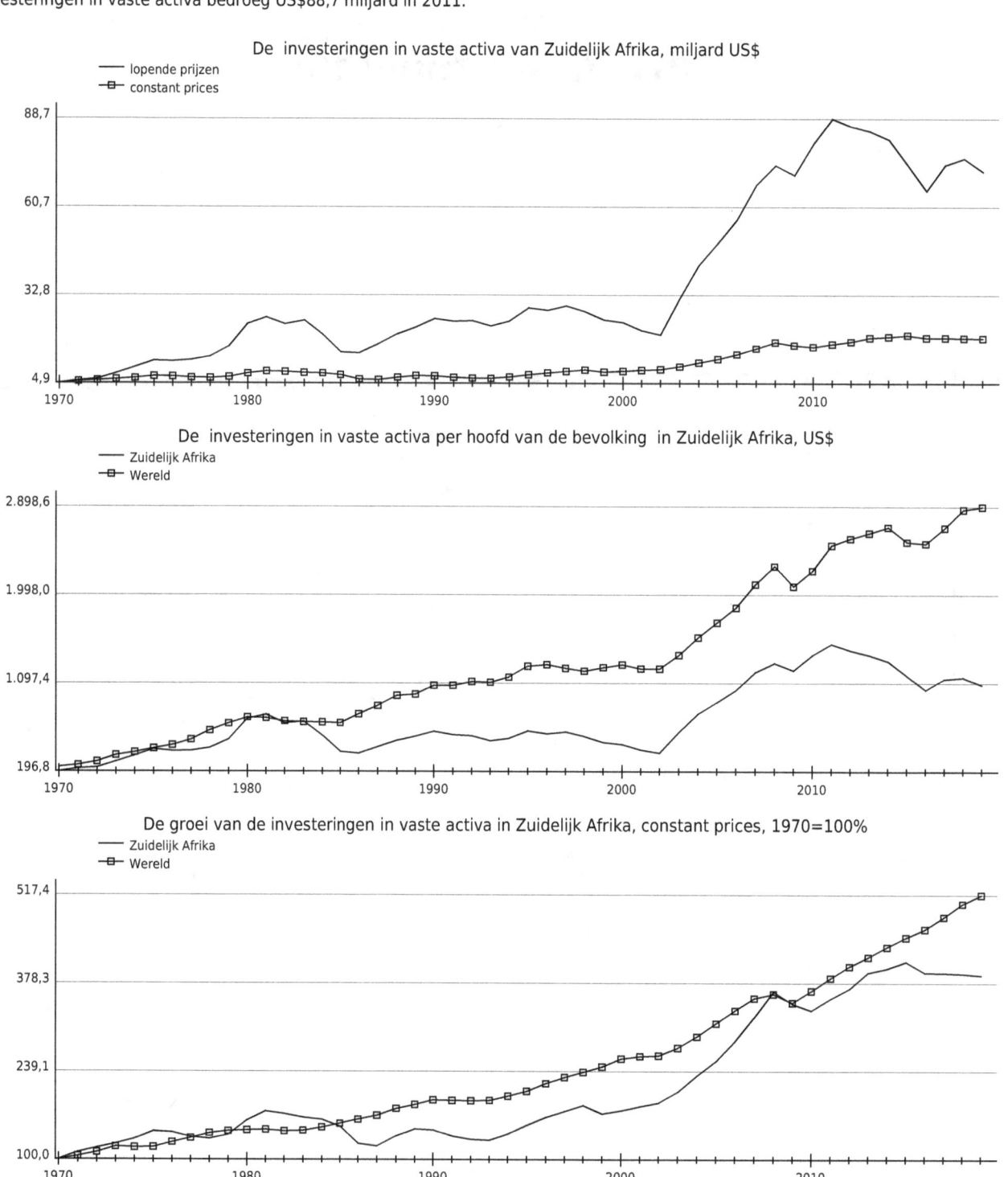

De investeringen in vaste activa van Zuidelijk Afrika, miljard US$

De investeringen in vaste activa per hoofd van de bevolking in Zuidelijk Afrika, US$

De groei van de investeringen in vaste activa in Zuidelijk Afrika, constant prices, 1970=100%

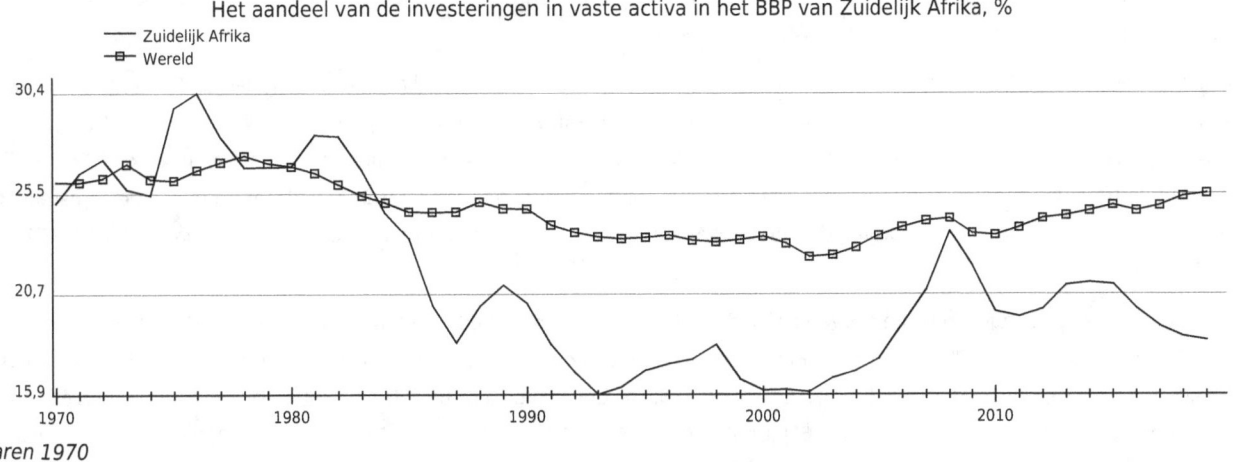

Het aandeel van de investeringen in vaste activa in het BBP van Zuidelijk Afrika, %

de jaren 1970

De bruto-investeringen in vaste activa van Zuidelijk Afrika bedroeg in de jaren 1970 US$10,1 miljard per jaar, en was vergelijkbaar met Saoedi-Arabië (US$10,1 miljard), Noorwegen (US$10,0 miljard). Het aandeel in de wereld was 0,58%, en 8,5% in Afrika.

Het aandeel van de investeringen in vaste activa in het BBP van Zuidelijk Afrika was 27,4% in de jaren 1970, en was vergelijkbaar met Zuid-Afrika (27,4%), de Cookeilanden (27,3%), Tsjecho-Slowakije (27,3%).

De investeringen in vaste activa per hoofd in Zuidelijk Afrika was $357,0 in de jaren 1970s, en was vergelijkbaar met Bulgarije (US$356,4), Albanië (US$358,5), Macau (US$361,6). De bruto-investeringen in vaste activa per hoofd in Zuidelijk Afrika was 17,6% lager dan de investeringen in vaste activa per hoofd van de bevolking in de wereld ($433,5), en was 23,2% hoger dan de investeringen in vaste activa per hoofd van de bevolking in Afrika ($433,5).

De groei van de investeringen in vaste activa in Zuidelijk Afrika bedroeg 3.7% in de jaren 1970, en was vergelijkbaar met Montserrat (3,8%), Anguilla (3,8%). De groei van de investeringen in vaste activa in Zuidelijk Afrika (3,7%) was minder dan de groei van de investeringen in vaste activa in de wereld (4,2%), was minder dan de groei van de investeringen in vaste activa in Afrika (7,1%).

Vergelijking met subregio's. De investeringen in vaste activa van Zuidelijk Afrika was groter dan in Centraal-Afrika (US$5,7 miljard) en in Oost-Afrika (US$5,2 miljard); maar minder dan in West-Afrika (US$82,0 miljard) en in Noord-Afrika (US$15,9 miljard). De investeringen in vaste activa per hoofd in Zuidelijk Afrika was in Zuidelijk Afrika groter dan in Noord-Afrika (US$164,8), in Centraal-Afrika (US$126,3) en in Oost-Afrika (US$43,3); maar minder dan in West-Afrika (US$687,4). De groei van de investeringen in vaste activa in Zuidelijk Afrika was groter dan in Centraal-Afrika (2,5%) en in Oost-Afrika (-0,32%); maar minder dan in Noord-Afrika (9,5%) en in West-Afrika (8,5%).

Leiders. De investeringen in vaste activa van Zuidelijk Afrika in de jaren 1970 bestond uit: Zuid-Afrika (95,2%), Namibië (2,5%), Swaziland (0,99%), Botswana (0,93%), Lesotho (0,44%). Het aandeel van de investeringen in vaste activa in BBP van de leiders: Botswana (34,8%), Swaziland (28,4%), Zuid-Afrika (27,4%), Lesotho (26,2%) en Namibië (24,0%). De bruto-investeringen in vaste activa per hoofd in Zuidelijk Afrika onder de leiders: Zuid-Afrika ($385,1), Namibië ($266,5), Swaziland ($202,3), Botswana ($126,7) en Lesotho ($38,0). De groei van de investeringen in vaste activa onder de leiders: Lesotho (25,2%), Swaziland (21,7%), Botswana (7,3%), Zuid-Afrika (3,5%) en Namibië (2,6%).

de jaren 1980

De investeringen in vaste activa van Zuidelijk Afrika bedroeg in de jaren 1980 US$20,8 miljard per jaar. Het aandeel in de wereld was 0,54%, en 10,6% in Afrika.

Het aandeel van de investeringen in vaste activa in het BBP van Zuidelijk Afrika was 23,7% in de jaren 1980, en was vergelijkbaar met Zuid-Afrika (23,7%), Guinee-Bissau (23,8%), Nieuw-Zeeland (23,7%).

De bruto-investeringen in vaste activa per hoofd in Zuidelijk Afrika was $566,4 in de jaren 1980s, en was vergelijkbaar met Jordanië (US$566,5), Oost-Azië (US$576,9). De bruto-investeringen in vaste activa per hoofd in Zuidelijk Afrika was 28,4% lager dan de investeringen in vaste activa per hoofd van de bevolking in de wereld ($790,9), en was 56,5% hoger dan de investeringen in vaste activa per hoofd van de bevolking in Afrika ($790,9).

De groei van de investeringen in vaste activa in Zuidelijk Afrika bedroeg 0.6% in de jaren 1980. De groei van de investeringen in vaste activa in Zuidelijk Afrika (0,63%) was minder dan de groei van de investeringen in vaste activa in de wereld (2,5%), was groter dan de groei van de investeringen in vaste activa in Afrika (-3,3%).

Vergelijking met subregio's. De bruto-investeringen in vaste activa van Zuidelijk Afrika was groter dan in Centraal-Afrika (US$9,8 miljard) en in Oost-Afrika (US$8,6 miljard); maar minder dan in West-Afrika (US$118,6 miljard) en in Noord-Afrika (US$38,3 miljard). De investeringen in vaste activa per hoofd in Zuidelijk Afrika was in Zuidelijk Afrika groter dan in Noord-Afrika (US$303,5), in Centraal-Afrika (US$162,8) en in Oost-Afrika (US$53,2); maar minder dan in West-Afrika (US$759,4). De groei van de investeringen in vaste activa in Zuidelijk Afrika was groter dan in Oost-Afrika (-0,67%), in Noord-Afrika (-1,2%), in Centraal-Afrika (-1,3%) en in West-Afrika (-6,7%).

Leiders. De bruto-investeringen in vaste activa van Zuidelijk Afrika in de jaren 1980 bestond uit: Zuid-Afrika (94,7%), Botswana (1,8%), Namibië (1,7%), Swaziland (0,93%), Lesotho (0,82%). Het aandeel van de investeringen in vaste activa in BBP van de leiders: Lesotho (43,0%), Botswana (29,0%), Zuid-Afrika (23,7%), Swaziland (23,1%) en Namibië (16,6%). De investeringen in vaste activa per hoofd in Zuidelijk Afrika onder de leiders: Zuid-Afrika ($610,6), Botswana ($353,0), Namibië ($302,2), Swaziland ($280,0) en Lesotho ($112,6). De groei van de investeringen in vaste activa onder de leiders: Botswana (14,5%), Swaziland (5,0%), Lesotho (3,2%), Zuid-Afrika (0,21%) en Namibië (-3,3%).

de jaren 1990

De bruto-investeringen in vaste activa van Zuidelijk Afrika bedroeg in de jaren 1990 US$26,1 miljard per jaar, en was vergelijkbaar met Singapore (US$25,8 miljard). Het aandeel in de wereld was 0,39%, en 21,3% in Afrika.

Het aandeel van de investeringen in vaste activa in het BBP van Zuidelijk Afrika was 17,4% in de jaren 1990, en was vergelijkbaar met Montenegro (17,4%), Senegal (17,3%), Centraal-Afrika (17,3%).

De bruto-investeringen in vaste activa per hoofd in Zuidelijk Afrika was $559,4 in de jaren 1990s, en was vergelijkbaar met Iran (US$555,2), Litouwen (US$550,3), Suriname (US$571,7). De investeringen in vaste activa per hoofd in Zuidelijk Afrika was in 2,1 keer lager dan de investeringen in vaste activa per hoofd van de bevolking in de wereld ($1.183,8), en was in 3,2 keer hoger dan de investeringen in vaste activa per hoofd van de bevolking in Afrika ($1.183,8).

De groei van de investeringen in vaste activa in Zuidelijk Afrika bedroeg 1.5% in de jaren 1990, en was vergelijkbaar met Frankrijk (1,5%). De groei van de investeringen in vaste activa in Zuidelijk Afrika (1,5%) was minder dan de groei van de investeringen in vaste activa in de wereld (2,8%), was minder dan de groei van de investeringen in vaste activa in Afrika (3,2%).

Vergelijking met subregio's. De investeringen in vaste activa van Zuidelijk Afrika was groter dan in Oost-Afrika (US$11,3 miljard) en in Centraal-Afrika (US$7,9 miljard); maar minder dan in Noord-Afrika (US$43,2 miljard) en in West-Afrika (US$34,1 miljard). De bruto-investeringen in vaste activa per hoofd in Zuidelijk Afrika was in Zuidelijk Afrika groter dan in Noord-Afrika (US$270,7), in West-Afrika (US$167,7), in Centraal-Afrika (US$96,4) en in Oost-Afrika (US$52,2). De groei van de investeringen in vaste activa in Zuidelijk Afrika was minder dan in Centraal-Afrika (7,6%), in Oost-Afrika (3,9%), in West-Afrika (3,0%) en in Noord-Afrika (2,6%).

Leiders. De bruto-investeringen in vaste activa van Zuidelijk Afrika in de jaren 1990 bestond uit: Zuid-Afrika (89,6%), Botswana (4,8%), Namibië (2,6%), Lesotho (1,9%), Swaziland (1,1%). Het aandeel van de investeringen in vaste activa in BBP van de leiders: Lesotho (61,3%), Botswana (27,6%), Namibië (18,8%), Swaziland (18,4%) en Zuid-Afrika (16,8%). De investeringen in vaste activa per hoofd in Zuidelijk Afrika onder de leiders: Botswana ($854,8), Zuid-Afrika ($573,3), Namibië ($416,8), Swaziland ($328,3) en Lesotho ($264,4). De groei van de investeringen in vaste activa onder de leiders: Namibië (8,4%), Botswana (4,3%), Lesotho (4,0%), Zuid-Afrika (1,3%) en Swaziland (-3,2%).

de jaren 2000

De bruto-investeringen in vaste activa van Zuidelijk Afrika bedroeg in de jaren 2000 US$45,8 miljard per jaar, en was vergelijkbaar met Finland (US$45,7 miljard). Het aandeel in de wereld was 0,42%, en 18,0% in Afrika.

Het aandeel van de investeringen in vaste activa in het BBP van Zuidelijk Afrika was 19,3% in de jaren 2000, en was vergelijkbaar met Luxemburg (19,3%), Guatemala (19,4%), Peru (19,4%).

De investeringen in vaste activa per hoofd in Zuidelijk Afrika was $842,8 in de jaren 2000s, en was vergelijkbaar met Micronesië (US$845,2). De investeringen in vaste activa per hoofd in Zuidelijk Afrika was in 2,0 keer lager dan de investeringen in vaste activa per hoofd van de bevolking in de wereld ($1.690,7), en was in 3,0 keer hoger dan de investeringen in vaste activa per hoofd van de bevolking in Afrika ($1.690,7).

De groei van de investeringen in vaste activa in Zuidelijk Afrika bedroeg 7.2% in de jaren 2000, en was vergelijkbaar met Oost-Europa (7,2%), Marokko (7,3%). De groei van de investeringen in vaste activa in Zuidelijk Afrika (7,2%) was groter dan de groei van de investeringen in vaste activa in de wereld (3,5%), was groter dan de groei van de investeringen in vaste activa in Afrika (5,6%).

Vergelijking met subregio's. De investeringen in vaste activa van Zuidelijk Afrika was groter dan in Oost-Afrika (US$26,3 miljard) en in Centraal-Afrika (US$25,7 miljard); maar minder dan in Noord-Afrika (US$94,3 miljard) en in West-Afrika (US$62,5 miljard). De investeringen in vaste activa per hoofd in Zuidelijk Afrika was in Zuidelijk Afrika groter dan in Noord-Afrika (US$495,7), in West-Afrika (US$235,5), in Centraal-Afrika (US$231,7) en in Oost-Afrika (US$92,0). De groei van de investeringen in vaste activa in Zuidelijk Afrika was groter dan in Noord-Afrika (6,7%), in Centraal-Afrika (5,8%) en in West-Afrika (2,1%); maar minder dan in Oost-Afrika (10,1%).

Leiders. De investeringen in vaste activa van Zuidelijk Afrika in de jaren 2000 bestond uit: Zuid-Afrika (89,9%), Botswana (5,3%), Namibië (3,0%), Swaziland (1,0%), Lesotho (0,77%). Het aandeel van de investeringen in vaste activa in BBP van de leiders: Botswana (28,3%), Lesotho (27,5%), Namibië (22,0%), Zuid-Afrika (18,8%) en Swaziland (18,0%). De investeringen in vaste activa per hoofd in Zuidelijk Afrika onder de leiders: Botswana ($1.350,5), Zuid-Afrika ($865,1), Namibië ($718,2), Swaziland ($462,0) en Lesotho ($176,0). De groei van de investeringen in vaste activa onder de leiders: Namibië (9,6%), Zuid-Afrika (7,4%), Botswana (5,9%), Lesotho (-0,86%) en Swaziland (-2,4%).

de jaren 2010

De investeringen in vaste activa van Zuidelijk Afrika bedroeg in de jaren 2010 US$78,4 miljard per jaar, en was vergelijkbaar met Maleisië (US$78,2 miljard), Ierland (US$80,2 miljard), de Verenigde Arabische Emiraten (US$76,6 miljard). Het aandeel in de wereld was 0,41%, en 15,2% in Afrika.

Het aandeel van de investeringen in vaste activa in het BBP van Zuidelijk Afrika was 19,9% in de jaren 2010, en was vergelijkbaar met Paraguay (19,9%), Malta (19,9%), Mauritius (19,9%).

De investeringen in vaste activa per hoofd in Zuidelijk Afrika was $1.254,8 in de jaren 2010s, en was vergelijkbaar met Kaapverdië (US$1.250,9), Zuid-Afrika (US$1.259,4), de Caraïben (US$1.271,2). De bruto-investeringen in vaste activa per hoofd in Zuidelijk Afrika was in 2,1 keer lager dan de investeringen in vaste activa per hoofd van de bevolking in de wereld ($2.621,1), en was in 2,8 keer hoger dan de investeringen in vaste activa per hoofd van de bevolking in Afrika ($2.621,1).

De groei van de investeringen in vaste activa in Zuidelijk Afrika bedroeg 1.2% in de jaren 2010, en was vergelijkbaar met Samoa (1,2%), Kaapverdië (1,2%). De groei van de investeringen in vaste activa in Zuidelijk Afrika (1,2%) was minder dan de groei van de investeringen in vaste activa in de wereld (4,1%), was minder dan de groei van de investeringen in vaste activa in Afrika (3,1%).

Vergelijking met subregio's. De bruto-investeringen in vaste activa van Zuidelijk Afrika was 26,1% groter dan in Centraal-Afrika (US$62,2 miljard); maar 2,2 keer minder dan in Noord-Afrika (US$170,8 miljard), 34,8% minder dan in West-Afrika (US$120,2 miljard) en 5,3% minder dan in Oost-Afrika (US$82,9 miljard). De bruto-investeringen in vaste activa per hoofd in Zuidelijk Afrika was in Zuidelijk Afrika62,6% groter dan in Noord-Afrika (US$771,6), 3,1 keer groter dan in Centraal-Afrika (US$408,5), 3,6 keer groter dan in West-Afrika (US$345,5) en 5,8 keer groter dan in Oost-Afrika (US$215,7). De groei van de investeringen in vaste activa in Zuidelijk Afrika was groter dan in Centraal-Afrika (-0,89%); maar minder dan in Oost-Afrika (10,4%), in West-Afrika (2,9%) en in Noord-Afrika (2,2%).

Leiders. De investeringen in vaste activa van Zuidelijk Afrika in de jaren 2010 bestond uit: Zuid-Afrika (88,2%), Botswana (6,5%), Namibië (3,8%), Lesotho (0,88%), Swaziland (0,72%). Het aandeel van de investeringen in vaste activa in BBP van de leiders: Botswana (32,0%), Lesotho (28,3%), Namibië (24,2%), Zuid-Afrika (19,3%) en Swaziland (12,6%). De bruto-investeringen in vaste activa per hoofd in Zuidelijk Afrika onder de leiders: Botswana ($2.384,5), Namibië ($1.280,6), Zuid-Afrika ($1.259,4), Swaziland ($513,3) en Lesotho ($334,7). De groei van de investeringen in vaste activa onder de leiders: Lesotho (6,3%), Botswana (5,5%), Zuid-Afrika (0,92%), Namibië (0,90%) en Swaziland (-0,16%).